24

3.-

Martin A. Christ

MARTIN A. CHRIST

Mit Textbeiträgen von Christian Jaquet und Samuel Buri

Benteli Verlag Bern

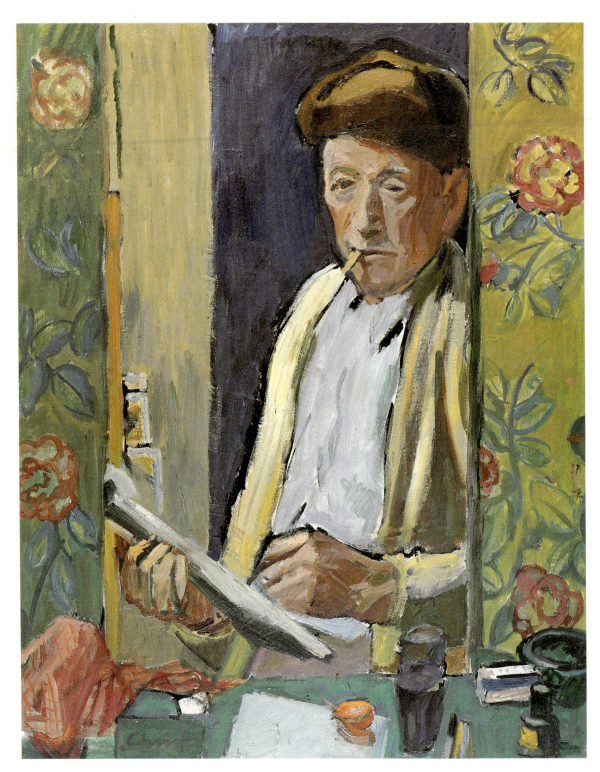

Selbstporträt mit geblumtem Vorhang, 1974

Zum Geleit

Christian Jaquet

Maler, die Gedachtes malen, lassen sich bequemer beschreiben als Künstler, die Gesehenes umsetzen. Ich leiste mir diese grobe Unterscheidung, zumal Martin Christ als Maler kaum etwas Theoretisches über seine Sicht von Wesen und Dingen aufgeschrieben hat. Nur über ihre malerische Inangriffnahme tat er das — später als Lehrer. Also müsste man die Formulierung seiner Anliegen in Briefen aufspüren. Könnte man.

Christs Tagebücher waren Skizzenbücher. In ihnen steht alles Wesentliche: von der täglichen Bewältigung des Beobachteten, übers sich Heranzeichnen an Bilder bis zum farbvermerkten Rohbau von Gemälden — prêt-à-peindre im Atelier. Nur ein paar Dutzend dieser Journale, von denen es übrigens Pakete gibt, kenne ich ein wenig. Aber diese paar Stichproben des unersättlichen Sehers und Schaffers sprechen Bände, weil sie Christs sinnliche Sehbreite abstecken und seine schon frühe Hingezogenheit zu Optik und Sensibilität gegenständlicher Meister der französischen Malerei manifestieren. Trotzdem, Christ bleibt ein Unbequemer zum Beschreiben.

Heute gehört verbaler Support zum Marketing der Kunstvermittler. Meine Aufforderung, Christ vor allem anzuschauen, mag darum gestrig sein. Aber was soll ich Ihnen anderes raten? Wenn doch die Genusssteigerung darin besteht, genauer darauf zu schauen, wie es Christ sah oder sehen wollte.

«Ich male vor allem aus Freude und möchte damit auch anderen Freude machen», schreibt Christ in einem Brief in den fünfziger Jahren. Vermessen wär's, diesen Satz zum Credo seines Schaffens zu erklären. Aber es lohnt sich herauszufinden, womit Christ Freude machen kann.

Noch ein Briefzitat des Künstlers stelle ich an den Anfang meines Erklärungsversuchs:

«...aber Du musst verstehen, dass die Zeit nach getaner Arbeit, wenn die Pinsel geputzt sind, das Atelier ein wenig aufgeräumt und das Nachtessen verzehrt, eine sehr heikle Sache ist. Ich freue mich auf den Abend, und doch ist oft eine Leere um mich. Ich nenne dies die ‚Leerzeit'.»

Martin Christs «Leerzeit» gehört für mich zu den denkwürdigeren Aufenthalten am Wirtshaustisch. Das war so um 1960, mitten in seiner Tätigkeit als Lehrer der Malklasse an der Basler Kunstgewerbeschule. Mit ihm, Künstlern, Schülern seiner Malklasse, mit Arnold Rüdlinger oder wer in der Rio-Bar jeweils noch zum Diskutieren aufgelegt war, endeten die Gespräche gerne bei der Zukunft der Malerei. Viele seiner Schüler liebäugelten damals bereits mit amerikanischem Action-Painting. Die Boyard-Maïs hing manchmal verächtlich von seinen Lippen. Aber Christ konnte malerische Gesten akzeptieren, hinter denen er Qualität verspürte. Während dieser künstlerischen Importperiode aus Übersee hat er es als toleranter Lehrmeister verstanden, den Humus für eine neue Basler Malergeneration zu nähren.

Seine pädagogischen Erkenntnisse überschreibt Christ mit einer Notiz von Matisse:
«Ein neues Bild muss etwas Eigenartiges sein. Eine Geburt, eine neue Formung in der Darstellung der Welt durch den menschlichen Geist gesehen. Der Künstler muss all seine Kraft, seine Ernsthaftigkeit und die grösste Bescheidenheit während seiner Arbeit aufbringen, um zu vermeiden, dass während seiner Arbeit alte Clichés, die so leicht entstehen, die zarte kleine Blume ersticken, sie, die nie so aufblüht, wie man erwartet.»

Das tönt verpflichtend für den Lehrer. Für Christ als Künstler wird die Berufung auf den grossen Meister auch zum Prüfstein seiner eigenen Modernität.

In unserer föderalistischen Kulturlandschaft fehlt eine künstlerische Metropole. Darum kann jede Region international anerkannte Meister hervorbringen. Und das Gefälle von der landesweiten oder regionalen Wertschätzung bis zur rein lokalen Achtung eines Künstlers bleibt eine Eigenart der schweizerischen Kunstszene. Wo steht da Christ, oder hat jede Schweizer Stadt ihren Christ?

Basel war bis nach dem Ersten Weltkrieg ein künstlerisch eher konservatives Terrain, wo man sich — noch immer im Bannkreis von Böcklin oder französischer Frühimpressionisten — neuen Strömungen der bildenden Kunst eher verschloss. Einen fruchtbaren Boden verliess der zwanzigjährige Christ jedenfalls kaum, als er sich nach Genf, Avignon und Paris aufmachte. In die Vaterstadt kehrte er erst wieder 1924 zurück. Zur Weiterbildung an der Kunstgewerbeschule, als die längst fällige Öffnung zur Kunstwende begann.

Wohl darum zog Christ 1926 nach Berlin aus — an die damalige Front aktueller Auseinandersetzungen. Dank seiner Bekanntschaft mit Erich Heckel kam er mit den Anliegen und dem Furioso der Brücke-Künstler in engste Berührung. Aber aus Christ ist damals nur temporär ein Expressionist geworden.

Formal nahmen Christs Bilder vor 1930 deutliche expressionistische Züge an. Die kantig gezeichneten Figuren oder heftig gemalten Interieurs kommen mir aber manchmal wie Versatzstücke vor. Sie tun der Qualität seiner damaligen Malerei zwar nichts an, geben aber Aufschluss über einen wahrscheinlichen Konflikt zwischen Christs Öffnung zum Zeitgeist und seiner bereits ausgeprägten Hingezogenheit zu einer sensibleren Malerei.

Nach seiner Berliner Zeit stand Christ nochmals an der Peripherie einer radikalen Strömung: Im Mendrisiotto liessen sich 1925 Basler Maler und Bildhauer der Gruppe Rot-Blau nieder, die — wie der Name sagt — mit reinen Farben als Expressionisten Kirchnerscher Prägung arbeiteten. Tatsächlich malte auch Christ im Tessin mit einer intensiveren Palette. Aber selbst in einem so explosiven Sujet wie dem «Mädchen auf dem Bett» von 1932 vermied er tendenziöse Eclats reinfarbener Kontraste.

«... Spannung in einem Kunstwerk kann wirklich auch etwas feinfühliger sein als der Schlag eines Vorschlaghammers. Es gibt nicht nur tiefen Schmerz und hellen Jubel...», schrieb Martin Christ Jahrzehnte später.

Christ malte schon damals mit einer weniger «proletarischen» Palette. Bestimmt war er von seiner Herkunft her politisch schwer zu mobilisieren. Alles in allem hinderte ihn eine geistige Kultiviertheit daran, mit den damaligen «Wilden» gemeinsame Sache zu machen oder in später formierten Basler Künstler-Gruppen Dampf abzulassen.

Von da an ist Christ seinen eigenen Weg gegangen und sein eigener, selbstkritischer Stilmacher geworden. Die nachfolgende Briefstelle belegt, dass Christ seine Qualitätsansprüche klar zu formulieren wusste.

«Nicht auf die Bedeutung der Dinge kommt es an, sondern auf ihren Ausdruck, ihre Wirkung auf mich, und daraus muss eine neue Wirklichkeit entstehen. — Wie selten ist das zu sehen! Ein Kopf neben einem Herbststrauss muss demnach anders wirken als derselbe Kopf neben Sommerblumen (ausgenommen, die Blumen seien wichtig) oder dasselbe umgekehrt, je nachdem man den Akzent der Empfindung legt. Es gibt innerhalb des Bildes nichts an sich, sondern nur die Relation besteht. Wie oft sind Bilder nur Additionen! Das ist noch nicht Kunst, höchstens Können.»

Christ ist kein «Moderner» geworden, weil er die gegenständliche Umsetzung seiner Bildwelt als ein künstlerisch unbewältigtes und darum zeitloses Problem betrachtet hat. Mit dem Ehrgeiz, auf beständige Fragen neue Antworten zu geben, reiht er sich in die Liste der wenigen Schweizer Zeitgenossen ein, die mit diesem Anliegen zu eigenen, stilprägenden Lösungen gekommen sind. Darum hat auch nicht jede Region unseres Landes ihren Christ hervorgebracht.

Sollten Sie Christs Bildwelt dennoch als eine zu heile betrachten, so lieben Sie es vielleicht, zwischen gesellschaftspolitisch stärker und schwächer engagierten Künstlern zu unterscheiden. Dann darf man auch gleich zur ideologischen Hitparade übergehen und Beuys vor Bonnard, Klee hinter Kollwitz oder Gubler und Geiser gleichrangig plazieren. Solches Messen von künstlerischem Wert ist mir zu einseitig und anmassend. Und: ist Malenmüssen aus Obsession nicht auch eine Weltanschauung?

Christs Sohn Claudius hat mir erzählt, nach welchem Pensum sein Vater im Winterquartier auf Mallorca bis zuletzt gearbeitet hat: am Vormittag in der Umgebung eine anspruchsvolle Landschaft in Öl bewältigen und sich am Nachmittag im eigenen Blumengarten beim Aquarellieren erholen. Das ist ihm an seinem letzten Lebenstag nur in Öl gelungen.

Von Mallorca schreibt Christ in späteren Jahren:

«Es heisst aber ja zum Trost, mit der Aufgabe wachsen die Kräfte. Nun habe ich es mit dem Meer versucht, und gewachsen sind nur die Fehler auf der Leinwand und meine Falten im Gesicht. Aber wir werden es schon noch schaffen, über dieses verfluchte Blau Meister zu werden.»

Also schauen Sie ins Buch und kontrollieren Sie Christs Qualitäten auch als Maler des Wassers, vom Rhein bis ans Meer. Und Sie werden bei allen künstlerischen Gezeiten wieder spüren, dass nur das Meistern einen Meister macht.

Mein Lehrer Martin Christ

Samuel Buri

Er war der Vater meines Schulkameraden Claudius. Ich wusste von ihm nur, dass er im verglasten Atelierhaus im Garten malte, umgeben von Geheimnis und Stille. Als ich später ins Atelier Einlass fand, verstärkte sich das mysteriöse Gefühl. Die exotischen Kunstgegenstände, Stoffe, Möbel, Pflanzen und Malutensilien schufen ein fabulöses Dekor. Welch ein Unterschied zu den Bücherreihen in meines Vaters Studierstube! Als aussteigender Gymnasiast und frischer Kunstgewerbeschüler bin ich dann Martin Christ als Leiter der Malklasse begegnet. Er hatte eben, mit 54 Jahren, dieses Amt übernommen. In der ungebrochenen Intensität des Anfangs erlebte ich sein Bedürfnis, seine lange Schau- und Malerfahrung mitzuteilen. Ich selber hatte nach mühseligen humanistischen Schuljahren grossen Appetit auf die Erforschung der Sinneswelt und auf manuelles Gestalten. Der Eifer am Lehren und Lernen war gross und die Atmosphäre entsprechend dicht.

Obgleich sich Martin Christ ein gewisses Lehrsystem zurechtgelegt hat — sein schriftlicher Niederschlag ist in diesem Buch abgedruckt —, war seine Art des Unterrichts gänzlich untheoretisch. Noch wollte er mit dem Malen eine Theorie illustrieren oder gar beweisen, noch aus dem Malen eine Theorie ableiten, welche das Gemalte erklären oder rechtfertigen sollte. Der sinnliche Einschlag des Seherlebnisses und die daraus folgende innere Sicht des Bildes sollten unreflektiert im Malakte auf der Leinwand ihren Ausdruck finden. Darin war er der Haltung seiner expressionistischen Frühzeit treu geblieben. Gleichzeitig hatte er das Bedürfnis, sich über die bildnerischen Mittel und deren Einsatz Klarheit zu verschaffen. Dies tat er in der Tradition der französischen Malerei, welcher er wahlverwandt war. Malen aus Begeisterung, aber auch als Weg zur Erkenntnis. Daher konnte die Übermittlung einer Maltechnik oder die Virtuosität nie das Ziel seines Unterrichts sein. Obschon er auf die individuellen Möglichkeiten und Absichten jedes Schülers einging, konnte er es nicht verheimlichen, dass der ihm am liebsten war, der seiner eigenen Malerei am nächsten kam. Für moderne Pädagogik ein Schreck, für die Schüler aber ein klares Vorbild, dem man nachstrebt oder das man ablehnt. Vorbild auch im Vormalen. Nicht nur die Schüler malten, auch der Lehrer, ja gar das Modell malte. Und wenn sich alle müdegemalt hatten, ging man zusammen übers Malen diskutieren. Martin Christ hat es verstanden, uns mit seiner ungeteilten Malleidenschaft anzustecken und uns alles, aber auch alles andere als wirklich nebensächlich betrachten zu lassen. Daher passte diese Malklasse, in der wir zu Individualisten erzogen wurden, nie richtig in den herrschenden Geist der Kunstgewerbeschule; der Meister schon gar nicht. Immer hat er bei Schulschluss das Gebäude fluchtartig verlassen. Sobald es die Witterung erlaubte, wurde das Rheinbord und der Birskopf zum Freilichtatelier. Von seinem Haus am nahen Rheinweg kam Martin auf seinem legendären Velo und brachte selbst eine Leinwand mit. Da waren wir dann ganz unter uns. Unermüdlich hat er uns dort in seine Sehweise eingeführt und uns die Augen geöffnet. Die vorangegangenen Übungen vor dem Stilleben und dem Modell wurden nun an der Erscheinungen Flucht appliziert. Wechselndes Licht, Passanten, Blumen in Schrebergärten, eine Dampflokomotive auf der Eisenbahnbrücke, ein gemusterter Rock, Badende — alles war Anlass, die Palette zu strapazieren und auf der Leinwand Ordnung in die Vielfalt oder die Vielfalt in die Ordnung zu bringen. Er analysierte mit uns am Motiv die Tonwerte, die Lokalfarben und seinen Lieblingsgegensatz, das Kalt und das Warm: Schlüsselbegriffe seiner eigenen Malerei. Somit wurden wir auf eine Fülle von Elementen empfindsam gemacht, welche nie zusammen objektiv richtig wiedergegeben werden können. Er säte den Zweifel und verlangte auch den Entschluss. Es galt, eine persönlich engagierte Synthese zu finden, weder sich in Einzelheiten zu verlieren, noch eine billige Abkürzung anzuwenden. Er wolle die wahrhaft künstlerische Verbindung von logischem Einsatz der bildnerischen Mittel im Dienste der gefühlsbestimmten Vision.

Dieses Postulat hatte er gemeinsam mit den grossen Vorgängern Cézanne und Picasso, Bonnard und Matisse, von welchen er uns oft gesprochen hatte. Uns schien damals, dass er selbst in diesem Abenteuer der modernen Kunst auf halbem Wege stehengeblieben sei. War doch die Generation seiner Schüler dem Einfluss der ungegenständlichen Malerei voll ausgesetzt. Der Konstruktivismus war durch das Bauhauserbe in der Basler Kunstgewerbeschule präsent. Die malerische Abstraktion bis zu Informell und Tachismus war damals in der Kunsthalle zu sehen. Und wir konsultierten die internationalen Kunstzeitschriften rege in der Bibliothek des Kunstvereins. Je nach Charakter des Schülers folgten wir Christs Unterricht noch mehr oder weniger lang. Aber einer nach dem andern «fiel um» (wie die ältere, eher konventionelle Künstlerschaft urteilte) und suchte seinen Weg in neuen Ausdrucksformen. Ich selbst habe etwa zwanzig Jahre gebraucht, um mich wieder mit Farbe, Pinsel und Leinwand vors Motiv zu setzen, unbewehrt von System und technischen Hilfsmitteln. Die Unschuld ist inzwischen flöte gegangen, gar oft wirkt ein heutiges malerisch gegenständliches Bild als Zitat, Augenzwinkern oder Plagiat. Martin Christ hat also der Abstraktion standgehalten. Den Ausdruck «fast abstrakt» hat er zwar oft lobend angebracht. Seine weise Vorsicht hat ihn die Gefahr der extremen Lösungen sehen lassen. Weder hat er die Form in einer immer weiterschreitenden Analyse ganz aufgelöst, noch sie gewaltsam expressiv oder geometrisch konstruktiv vereinfacht. Und die reine Farbe, von welcher er uns schwärmte, hat sich bei ihm nicht verselbständigt und ist nie im dekorativ Plakativen vereinsamt. Er zwingt uns nicht, am oft erbärmlich trivialen Innenleben des Künstlers teilzunehmen. Eine noble Scheu (oder Unvermögen) verbietet ihm das Entblössen der Seele. Jeder doktrinären Kunstauffassung abhold, unberührt von modischen Strömungen hat er sich ganz auf seine eigene Sensibilität verlassen und jeden Tag wieder versucht, das Staunen vor der

Welt der sichtbaren Erscheinungen seinen Zeitgenossen auf verständliche Weise mitzuteilen. Seine immer fein gebrochenen Farben lassen auch in den strahlendsten Bildern einen Hauch von Vergangenheit, Vergänglichkeit mitschwingen; was ihnen dann den zeitlosen Charakter gibt, zeitlos wie der Wechsel der Jahreszeiten, wie das Licht am Morgen und das Licht am Abend.

Zahlreich auch wie die Früchte der Natur sind die Werke. Ungehemmt von intellektueller Spekulation, ohne metaphysische Krücken, hat Martin Christ seinem inneren Drang nach Realisierung nachgegeben. Als aufgeklärter Skeptiker hat er wie die grossen Geister des 18. Jahrhunderts seinen würdigen Gesprächspartner in der Natur gefunden und uns, wie die Natur es tut, mit seinem Können und seiner Arbeit reich beschenkt.

Bei meinem letzten Besuch in seinem Atelier hat er mir die Bilder gezeigt, welche er für eine retrospektive Ausstellung in der Firma Sandoz zusammengestellt hatte. Bereitwillig wie immer hat er die Bilder umgestapelt und dazu mit seinen Bemerkungen die Resultate in Frage gestellt, ihre Qualität auf die ihm so eigene Art heruntergespielt. Wenn er auch ein sicheres Auftreten hatte, sprach er doch gerne von der Unvollkommenheit seines Werkes, weil er es an der Tiefe der Empfindungen, deren er fähig war, gemessen hat. Und gerade dies hat ihn bis ins hohe Alter, bis zur letzten Stunde, weitermalen lassen.

Da zeigte er mir also Bilder mit expressiven Fratzen aus der Zeit der Berliner Bohème, einen Fieberkranken aus der Tessiner Zeit, Rückkehr zur Klassik in Basel mit Figurenbildern und Rheinlandschaften, und dann das nimmer endenwollende Blühen der Bäume und Blumen in Südfrankreich und Spanien. Eine grosse Enttäuschung hatte er in diesem Frühling erlebt, als die Mandelbäume auf Mallorca nicht geblüht hatten.

Dieses beinahe manische Abbilden der Natur in der Wiederkunft ihrer Blüte war seine Art, die Zeit zu überwinden. Für uns blüht es auf Martin Christs Bildern weiter, das Meer brandet unablässig auf Aquarellblättern, von Licht und Schatten gefleckte Haut strahlt weiter aus dem Rahmen, und die Mohnblumen am Wegrand verwelken nicht. Er hinterliess uns eben nicht einen Malstil. Trotz seiner zeitbedingten Form hat er seinen über die Zeit gültigen Ausdruck des Staunens vor der Schöpfung gefunden. Beispielhaft tritt uns des Malers Weltsicht auch in den Selbstporträten entgegen: Ein Wesen, das selbst zur Schöpfung gehört, ringt mit deren Wiedergabe. Im Spiegel begegnet er dem Blick, welcher bei seiner Inventaraufnahme des Blickfeldes auf das Antlitz des Malers stösst, der das im Spiegel Gesehene malt.

Dieser Text stützt sich auf die Ansprache an der Trauerfeier für Martin Christ, gehalten im April 1979 in der St. Alban-Kirche zu Basel. An Pfingsten 1984 erweiterte ich ihn in meinem neuen Atelier am St. Albanrheinweg für diese Publikation. Dabei fiel mein Blick auf den Strom, die Kastanien- und Platanenallee, die alte Stadtmauer, die Rheinbrücken und den fernen Hörnlifelsen — alles Motive, die Martin Christ so oft und treffend gestaltet hat.

Ölgemälde

Kanallandschaft in Frankreich, 1923

Andrea His im Atelier, 1926

Schlafender, 1926

16

In der Kneipe, 1926

In den Dünen, 1928

Fabrikgebäude im Schnee in Berlin, 1928

Die Fischesser, 1929

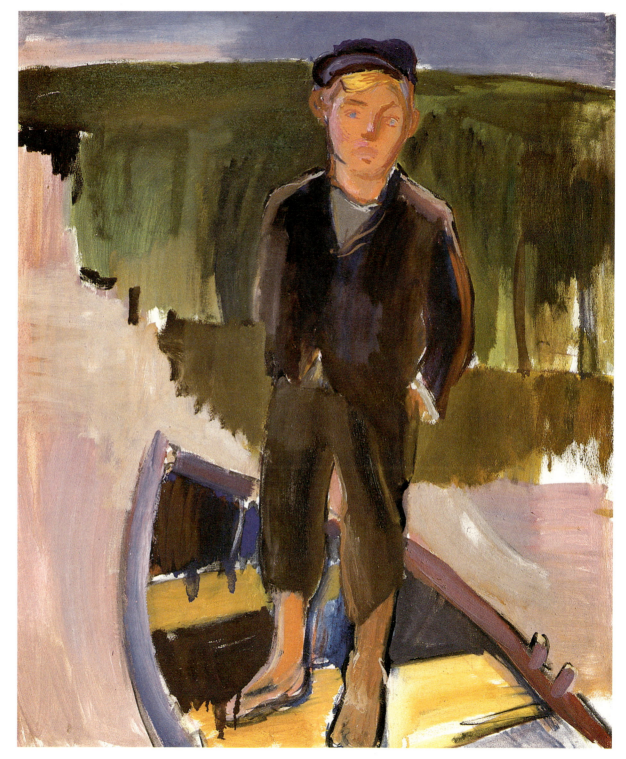

Fischerknabe in Schweden, 1927

Nähende im Atelier, 1928

Martin, Hans Schiess und Frau von Zieritz im Atelier, 1929

Maskenball, 1929

Totentanz (Barfüsserplatz in Basel), 1926

Der kranke Herr H. im Atelier, 1929

Abit im Park, 1931

Sonnenblumen, 1931

Andrea am Tisch, 1931

Andrea mit blauem Pferd, 1931

Mädchen auf dem Bett, 1932

Stilleben mit weisser Figur, 1953?

Am Atelierfenster, 1935

Badende an der Flosslände, 1935

Rhein mit Mittlerer Brücke, ca. 1937

Fasnachtsvorbereitung, 1938

Zwei Frauen am Tisch, 1942

In der Schlafstube, 1941

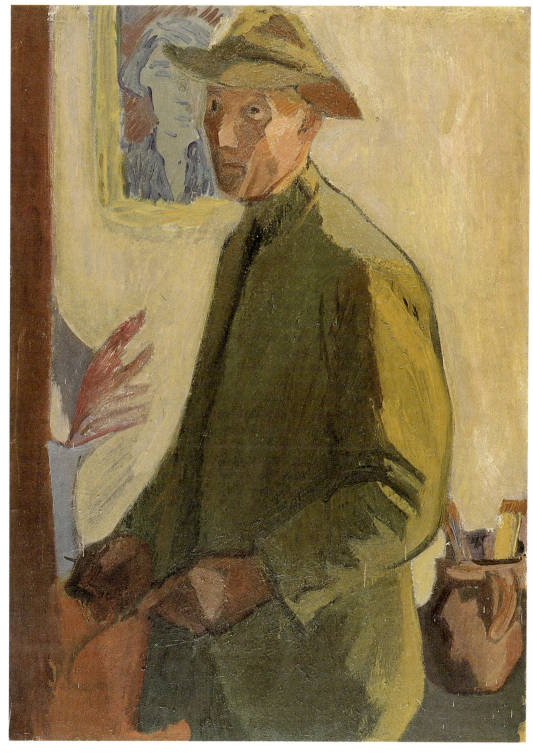

Selbstporträt, ca. 1947

Dalbedych, 1942

Rhein mit Gewitterhimmel, ca. 1947

Alexander Zschokke vor Plastiken, 1947

Der Maler E. Bohny, 1940

Bildnis der Marie His, 1944

Der Bildhauer Louis Weber, 1953

Zwei Badende, 1948

Rhein im Winter, ca. 1948

Alice im winterlichen Garten, 1949

Hühnerhof mit Melonenblüten, 1950

Am Rhein beim Känzeli, 1951

Seeufer, 1950

Allee in Gerzensee, 1950

Winter, 1952

Selbstporträt, 1952

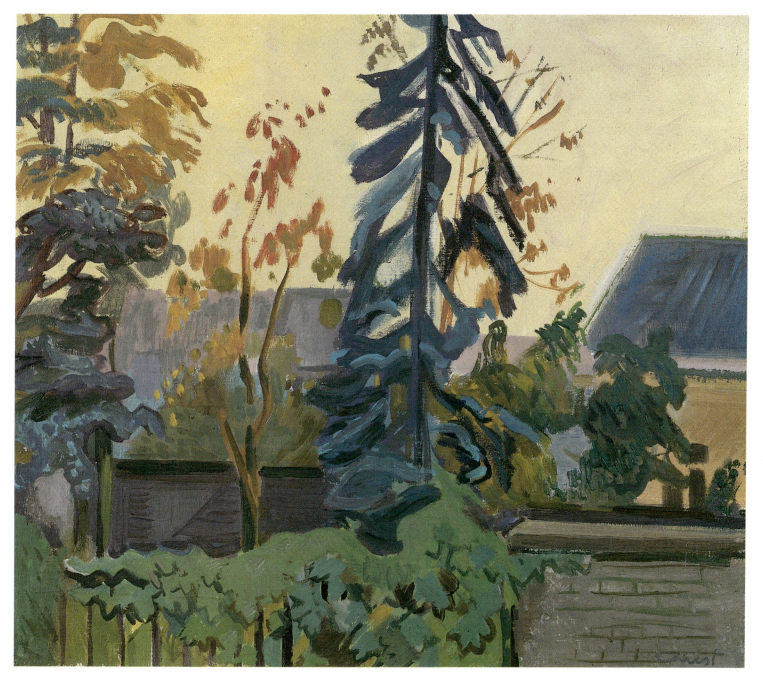

Tanne im Brand'schen Garten, 1953

Stilleben, 1954

Felsen in den Alpilles, 1955

Das Café in Fontvieille, 1956

D.M., 1956

Das blaue Gartentor, 1956

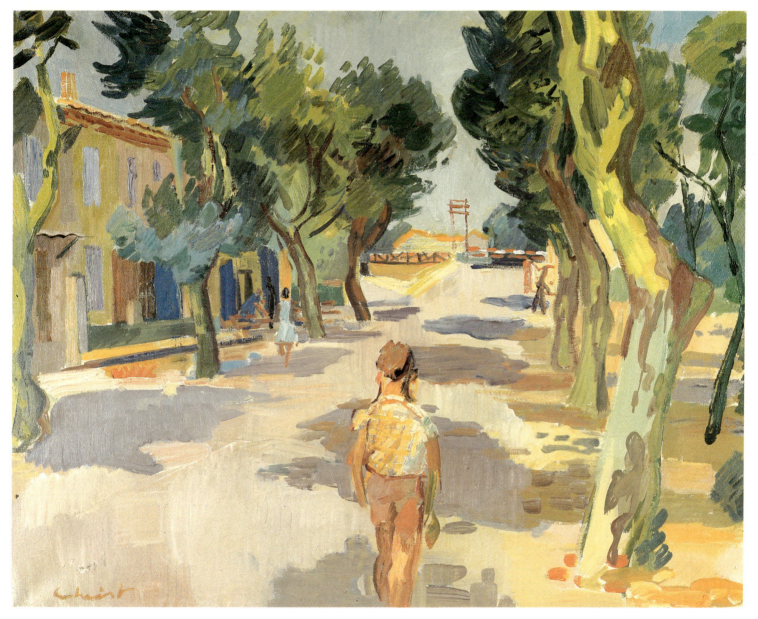

Bahnübergang in der Provence, 1956

Rheinbord mit Känzeli, 1956

Camargue, 1957

Allee in Südfrankreich, 1957

Lucia, 1957

Rhein mit Brückengerüst, 1958

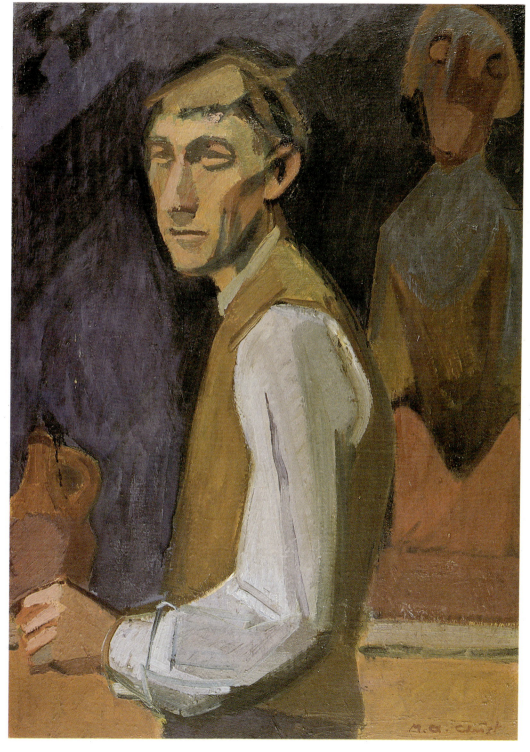

Selbstporträt, ca. 1953

Obst auf schwarzem Tisch, 1954

Porträt G.P., 1959

Meeresstrand, 1956

Sanddünen, ca. 1972

Kruzifix im Elsass, 1961

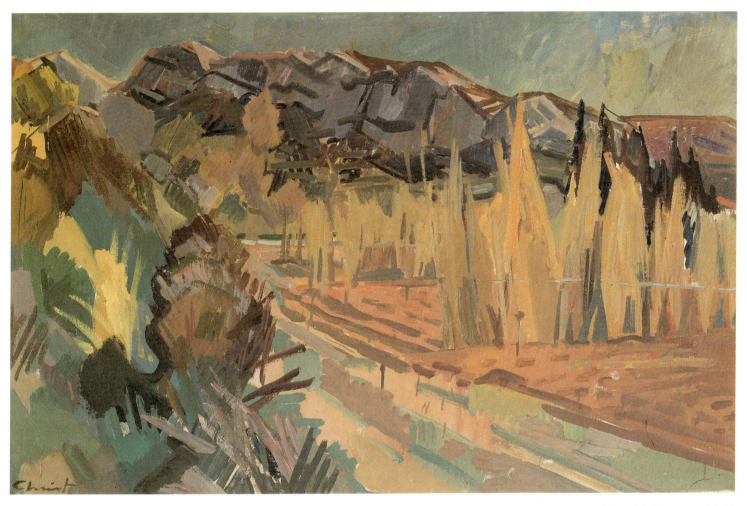

Les Alpilles, ca. 1960

Badende am Rhein, 1962

Im grauen Mantel, 1964

Porträt Frl. K., 1968

Blauer Akt, 1965

Bauernhof in den Alpilles, 1965

Südliche Landschaft mit Windmühle, 1967

Das Atelierfenster, 1968

Am Fenster, 1969

Südliche Dachlandschaft, 1969

Oliven im Gegenlicht, ca. 1970

Winter am Rhein, ca. 1976

Selbstporträt, 1970

Sandstrand, 1970

Im Bett, 1972

Die Nacht, 1972

Fischergalgen im Winter, ca. 1976

Villa Merz im Winter, 1957

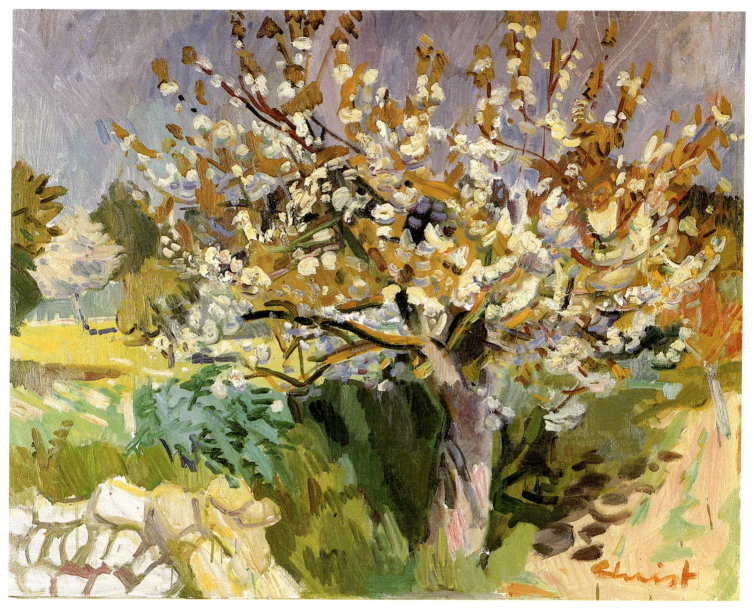

Blühender Kirschbaum, 1975

Getreidefelder, 1976

Berglandschaft bei Son Servera, 1975

Olivenhain in Mallorca, 1976

Rote Beeren im Schnee, 1977

Park im Schnee, ca. 1977

Die alte Stadtmauer, ca. 1977

Blütenbaum im Hühnerhof, 1978

Brotfruchtbaum im Kornfeld, 1978

Baumgarten. Am Morgen seines Todestages gemalt, 1979

Selbstporträt, 1977

Einführung in die Probleme der Malerei

Martin A. Christ

«*Ein neues Bild muss etwas Einzigartiges sein. Eine Geburt, eine neue Formung in der Darstellung der Welt durch den menschlichen Geist gesehen. Der Künstler muss all seine Kraft, seine Ernsthaftigkeit und die grösste Bescheidenheit während seiner Arbeit aufbringen, um zu vermeiden, dass während seiner Arbeit alte Clichés, die so leicht entstehen, die zarte kleine Blume ersticken, sie, die nie so aufblüht, wie man erwartet.*
Es ist notwendig, dass der Künstler die Natur kenne und ganz besitze, durch seine Arbeit, die seine Könnerschaft vorbereitet, sich vereine mit dem Rhythmus der Natur. Dann kann er sich in seiner eigenen Sprache ausdrücken.
Der zukünftige Maler muss fühlen, was für seine Entwicklung wichtig ist, seien es Zeichnung oder Plastik. Alles was ihm erlaubt, mit der Natur eins zu werden, alle Dinge beobachtend (was ich eben die Natur nenne), soll sein Gefühlserlebnis auslösen.
Ich glaube aber, dass das Studium der Zeichnung das Wesentliche ist. Wenn die Zeichnung das Reich des Geistes ist, so ist die Farbe das der Sinnlichkeit. Man muss zuerst zeichnen, um den Geist zu pflegen und um die Farbe so auf einen Weg der Geistigkeit hinführen zu können.»

Brief von Henri Matisse (1869—1954) an M. Henry Clifford, Konservator der Gemäldesammlung des Museums von Philadelphia.

Freie Übersetzung M. A. Christ.

Wenn ich hier versuche, einen Leitfaden für den jungen werdenden Maler zu schreiben, so soll sich diese Einführung nicht eigentlich mit Kunst befassen, sondern mit den Mitteln, die der Anfänger zum Malen braucht. Oft glaubt ein solcher in sich eine Berufung zur Malerei zu verspüren, und sicher kann mancher, nur auf sich selbst gestellt — ohne Anweisung, Schule noch Lehrer — zum Ziele gelangen. Je nach Veranlagung, Begabung und Arbeitsaufwand wird er jedoch in den meisten Fällen viel mehr Zeit benötigen. Das Ziel meiner Bestrebungen liegt darin, den Menschen, der in sich den Drang und eine Freude verspürt, mit Farben zu gestalten und zu malen, nicht sich selbst zu überlassen, um über lange Um- und Irrwege zu seinem fernen Ziele zu gelangen. Ich möchte ihm zeigen, wie auch in der Malerei eine zwingende innere Logik und klare Gesetzmässigkeiten herrschen. Sicher ist das Gefühl wichtig, ja für die Kunst vielleicht das Wichtigste, es darf aber nicht zur Ausrede werden. Der Herrgott gibt's den Seinen im Schlafe — dies gilt aber nicht unbedingt beim Malenlernen. So ehrlich und tief auch ein angehender Maler glaubt zu empfinden — malen muss er mit Farbe und Pinsel und nicht mit einem gefühlvoll-nassen Auge. Deshalb auch muss er das Handwerk lernen und den Unterschied vom Dilettanten zum Maler, der sein Metier kennt, begreifen. Dem Kunstbeflissenen werden nun in einer möglichst logischen Abwicklung die verschiedensten Probleme gezeigt, die auftauchen, wenn er versucht, ein Bild zu gestalten. Gewiss, es gibt noch viele, sehr viele, hier nicht erwähnte Fragestellungen, doch habe ich — um den Lehrplan nicht allzusehr zu komplizieren — mich auf die wichtigsten Fragen beschränkt, die meiner Erfahrung nach immer wieder auftauchen. Die Beantwortung derselben ist kein alleinseligmachendes System, sondern ein Weg für den Anfänger, sich in die Aufgaben eines Malers einzuleben und einzuarbeiten. Ich hoffe, ihn rascher dazu zu bringen, selbständig zu arbeiten und mit der Zeit auch selbständig künstlerisch denken, sehen und gestalten zu können. Ich bin mir bewusst, dass ein nur sklavisch gehorsames, buchstabenmässiges Begreifen dieser Schrift Schaden stiften kann. Jeder Leser soll daraus nehmen, was seinem Temperament, seiner Veranlagung und seiner Individualität entspricht. Es handelt sich hier um Ratschläge, die aus der Erfahrung entstanden sind, jedoch nicht um wissenschaftliche Wahrheiten. Es hiesse die Sache missverstehen, einen objektiven Lehrplan zu erwarten; einen solchen kann und soll es bezüglich dieser Materie auch nicht geben. Diese Schrift hat ihre Aufgabe schon erfüllt, wenn sie den Schüler zum Denken, Überlegen und Arbeiten anregt, und vor allem, wenn er sich dadurch auf seine, sich selbst gestellte Aufgabe konzentrieren lernt. Er soll Freude an der neuen Welt bekommen, die die errungenen Kenntnisse ihm erschliessen. Mit Freude hinter die Arbeit — jedoch nicht «spielend lernen» und sich selbst etwas vormachen. Der Schüler wird bei der Arbeit merken, dass jede Nachlässigkeit, jedes Aufgeben der Konzentration sich bitter rächen, denn nichts wird einem geschenkt.

Wenn Churchill in seinem Traktat über die Malerei sagt, Malen sei die beste Erholung, so meint er dies in einem ganz anderen Sinne, als «Do it yourself-Beschäftigung». Malerei soll keine Beschäftigung sein, sondern von einem inneren Muss ausgehen. Es gibt unendlich viele Wege, und jeder muss mit der Zeit seinen eigenen Pfad finden, sonst gleicht er einem der Blinden in Pieter Breughels bekanntem Bild, der vom Blinden geführt, ins Unglück strauchelt.

1. Übung

Voraussetzung ist ein gutes zeichnerisches Gestalten und Formen. Ich setze also zeichnerisches Können voraus bis zu einer gewissen Leistung. Gross genug kann es ja gar nicht sein, und schon aus Freude am Gestalten soll das Zeichnen immer neu geübt werden.

Ohne theoretische Kenntnisse der Farbe beginnen wir sofort mit einer praktischen Übung, nämlich einem einfachen Stilleben. Wir bauen dabei nur auf die Kenntnisse eines Schülers auf, der schon einige Kurse im Gegenstand- und Kopfzeichnen absolviert hat, der mit Kohle, Stift und Tusche umgehen gelernt hat. Er sollte also wissen, was eine Lichtform, ein Körper- und ein Schlagschatten sind.

Nun hat er sein bisheriges Können dazu zu verwenden, um mit Pinsel und Farbe ein Stilleben in einer Farbe in den richtigen Helligkeitsgraden darzustellen. Es ist also eine Übung, die lediglich auf das Studium der «Valeurs» (Tonwerte) eintritt. Der Schüler bestimmt z.B. die hellste, dann die dunkelste Fläche, und dann teilt er sämtliche Tonwerte, die dazwischen liegen, den entsprechenden Flächen zu. Bei dieser Übung ist deshalb darauf zu achten, dass das Stilleben, das Objekt — seien es später dann ein Kopf oder eine Figur — in dem entsprechend günstigen Licht steht, d.h., dass es von der Seite her einfällt, damit möglichst klare Körper- und Schlagschatten entstehen. Um sich die Arbeit besser organisieren und um klare hell-dunkle Töne auch wirklich auf den Malgrund setzen zu können, soll der Schüler zuerst einmal eine Stufenleiter sechs verschiedener Valeurs einer Farbe in eine Skala setzen. Er soll dies nicht nur in schwarz-weiss, sondern mit verschiedenen Farben versuchen. Dabei gewinnt er die Einsicht, wie unterschiedlich die verschiedenen Farben in der Abmischung sind und wie bei der einen Farbe es sehr leicht ist, sieben bis acht verschiedene Töne zu mischen, die in einer gleichmässigen Tonskala liegen, wie es aber bei anderen Farben (sagen wir einmal bei Gelb), schwer wird, nur schon sechs entsprechende Tonstufen zu mischen. Weiter lernt der Schüler bei dieser Übung sich im richtigen Aufstrich der Farbe zu üben. Nicht zu trocken, nicht zu durchsichtig. Genug Farbe abmischen, damit nicht nachgemischt werden muss. Ein wenig zuviel ist sparsamer — und dies versteht der Anfänger oft nicht. Jedes Nachmischen ist unexakt, braucht Zeit und Material und erfordert zudem viel Übung.

Bei der Durchführung einer Übung des Vergleichens einer Fläche zur anderen ist eine gewisse Vereinfachung der Formen der Fläche anzustreben. Wir entscheiden uns für je einen Ton der ganzen Lichtform, der Körper-, der Schlagschatten. Alle Zufallsflecken auf dem Objekt, all das was unwichtig ist für die räumliche Wirkung können wir weglassen. Das bedeutet nicht gleichgültig werden, sondern im Gegenteil noch genauer und bewusster auf die Spannung der einzelnen Raumkörper zueinander achten. Bei der Wiederholung dieser Aufgabe soll der Schüler nun ferner sein Augenmerk darauf richten, wie sich die Begrenzung der Körper verhält. Wo liegen die scharfen Akzente, sowohl dunkle als helle? Auf der Lichtseite entsteht oft eine gewisse Schärfe der Linie, im Schatten hingegen wird sich die Fläche dunkel gegen hell ohne Schärfe abheben.

Es gibt bekannte Künstler, deren Arbeit im wesentlichen in der letzten Beherrschung dieser Tonskalen besteht. Denken wir an den Franzosen Carrière oder auch an den Basler Maler Max Kämpf.

So einfach diese erste Übung erscheint, so sehr ist aber auf sie grosses Gewicht zu legen, weil gerade in dieser Übung dem Schüler ganz Neues gebracht wird. Dazu soll er auch einen Begriff der Komposition bekommen, der Proportionen der Abstände der einzelnen Körper zueinander, von dem Rhythmus der Dunkel- und Helligkeiten. Er soll z.B. darauf achten, dass klare Überschneidungen entstehen und nicht zwei Körper sich nur tangieren. Er soll auf die Spannungsverhältnisse von Senkrecht und Waagrecht, von runder, eckiger, kubischer Form und von geometrischer Form zur aufgelösten Form achten. Diese Beziehungen lassen sich natürlich noch erweitern.

Ich halte es für angebracht, den Schüler drei bis vier Arbeiten dieser ersten Übung machen zu lassen, damit er selbst merkt, welcher Reichtum schon nur mit den verschiedenen Tönen einer Farbe zu erzielen ist. Besser versuchen, anstatt in einer Arbeit alles auf einmal zu erarbeiten, einige Bilder nacheinander zu malen, und sich dann selbst von einer Studie zur anderen verbessern, neu gestalten. So bleibt jede Arbeit in ihrer Art frisch, auch wenn sie noch Mängel aufweist.

Bei dem Anfänger ist darauf zu achten, dass er sich bemüht, jeden Ton sei die Fläche relativ gross oder klein, klar und bestimmt hinzusetzen und nicht schummerig ungefähr mit helleren oder dunkleren Strichen durchsetzt oder fast durchsichtig. Am Anfang soll er nicht mit Zufälligkeiten der Technik spielen, sondern bewusst seinem klaren Willen Ausdruck geben. Anders ist dies beim wirklichen Kunstwerk. Es hat aber — meines Erachtens — keinen Sinn, ja kann sehr peinliche Folgen haben, wenn man das Pferd am Schwanze aufzäumt. Technische Mätzchen und zu billige Geschicklichkeiten sind sinnlos, weil kein wahres Gefühl dahinter steht.

Diese Übung der Valeurs hat den grossen Vorteil, dass der Malende gezwungen ist, sich auf eine Sache zu konzentrieren. So kann er vermehrtes Gewicht auf die Komposition legen. Schon rein durch die vereinfachten malerischen Mittel wird er zu einer Übersetzung der Natur gezwungen und begreift auf diese Weise gleich am Anfang seines Studiums, dass mit «fleissigem Abmalen» der Natur nichts getan ist. Vielleicht ist es gut, gleich hier am Anfang etwas von der Qualität des Farbauftrages zu sprechen. Es ist für den Ausdruck der Farbe ungemein wichtig, dass sie klar und bestimmt gesetzt ist, nicht müde, zerquält, verstrichen. Im allgemeinen setzt der Schüler die Farbe viel zu trocken und zu kleinlich auf. Er soll — Ausnahmen vorbehalten — mit nicht zu schmalen Pinseln arbeiten. Das Gemalte muss eine gewisse Dichtigkeit der Farbe aufweisen.

2. Übung

Bis jetzt hat der Schüler im Grund nichts prinzipiell Neues getan als das, was er aus seinen bisherigen Übungen im Zeichnen kennt. Vielleicht ist ihm die Erweiterung von der Linie zur Fläche noch ungewohnt gewesen, geistig aber brauchte es dazu keine neuen Erkenntnisse.

Bei der zweiten Übung aber soll ihm das Problem der kalten und warmen Farben beigebracht werden. Auch dieses versuchen wir ihm nicht theoretisch zu zeigen, sondern er selbst soll an einem Beispiel diese neue Erkenntnis praktisch verarbeiten und erleben. Nun ist auch der Zeitpunkt gekommen, wo, um dies auszuführen, er eine reichere Palette, Farbenauswahl haben muss. Deshalb ist — glaube ich — jetzt der Zeitpunkt gekommen, einige Worte über die Farben und die Palette zu sagen.

Farben:
Ich führe von diesen hier eine bestimmte Auswahl an, die, objektiv gesehen, nicht die beste oder gar einzige ist; sie hat sich aber im Laufe vieler Jahre bei den Schülern gut bewährt. Natürlich wird jeder Schüler mit der Zeit seine eigenen Vorlieben und Bedürfnisse hinzusetzen.

Blau	Ultramarinblau
	Cobaltblau
	Coelinblau
	Pariser- oder Preussischblau
Gelb	Jaune cadmium citron
	Jaune cadmium clair
	Jaune cadmium moyen
	Jaune cadmium foncé
	Indischgelb (nicht notwendig)
	Neapelgelb (nicht notwendig)
Grün	Vert emeraude (Chromoxydgrün)
	Veronesergrün
	Zinkgrün
	Vermillongrün
	Cobaltgrün
	Cobaltgrün pâle (nicht notwendig)
	Rembrandtgrün (nicht notwendig)
Rot	Carmin
	Vermillon clair
	Vermillon foncé
	Chinesischrot
	Rouge scarlet
Erdfarben	heller Ocker
	Siena natur
	Siena gebrannt
	Pozzuoli
	Umbra natur
	Umbra gebrannt
	Caput mortum violet
	Englischrot

Als Weiss ist Zinkweiss vorzuziehen, da es mit allen Chromfarben ohne Schaden mischbar ist. Kremserweiss hat den Vorteil grösserer Deckkraft, darf aber z.B. nicht mit Chromfarben gemischt werden. Dazwischen liegt Titanweiss.

Wer sich genau über Farben, ihre chemische Zusammensetzung, ihre Beständigkeit usw. informieren will, soll sich in das ausgezeichnete Buch von Doerner über Malerei vertiefen.

Wichtig ist, dass der Maler, genau wie jeder Handwerker, sein Handwerkszeug richtig benützt. Dies ist nicht nur in der Schule wünschbar, auch sonst erleichtert eine saubere, klare Palette die Arbeit. Die Palette gibt dem Sachverständigen tiefen Einblick, ob der Maler weiss, wie er farbig gestalten will und ob er ein wirkliches Gefühl für die Farbe hat. Schon allein die farbige Schönheit einer Palette kann den Künstler ungemein bei der Arbeit anregen.

Selbstverständlich gibt es auch andere Systeme der Anordnung, doch hat sich diese besonders durch die relativ lange Sauberhaltung der Farben bewährt. Mit der Zeit kann dann jeder Schüler nach seinem Geschmack und Denken Abänderungen vornehmen. Wichtig jedoch ist, dass er sich an eine Ordnung hält, da durch eine solche die Arbeit erleichtert wird. Jede Disziplin verhilft auch zu einer geistigen Disziplin und damit auch zur künstlerischen Disziplin.

Pinsel
Bei der Pinselwahl ist darauf zu achten, dass die Borste lang genug ist und nicht zu schmal gefasst. Sehr zu empfehlen sind auch einige Rundpinsel und vielleicht zwei runde, spitze Haarpinsel, welche z.B. zur Aufzeichnung zu verwenden sind. Der junge Maler soll sich daran gewöhnen, mit breitem Pinsel zu arbeiten, damit er nicht anfängt, kleinlich und ängstlich zu pinseln.

Für die ersten Übungen kann als Malgrund ein geleimter Karton genommen werden oder ein präpariertes Malpapier, das in jedem Malgeschäft zu beziehen ist. Besser und viel schöner jedoch lässt sich auf einem richtigen Halbkreidegrund auf Leinwand arbeiten.

Rezept
1. Vorgang. Man spanne die Leinwand auf Keilrahmen mit flachen Blaukopfnägeln, oder es genügt sogar ein starker Bostitch. Hierauf wird die Leinwand gründlich mit Leimwasser (ca. 80 g Perlleim in 1 Liter Wasser) eingestrichen. Wenn der Leimanstrich ganz trocken ist, beginnen wir mit der Präparierung.

Grundierung
1 Teil Zinkweisspulver
1 Teil Schlemmkreide (Champagnerkreide),
wir verrühren beide Teile mit dem gleichen Leimwasser von vorher, bis ein flüssiger, leicht streichbarer Brei entsteht und fügen diesem ca. $\frac{1}{3}$ Raumteil Leinölfirnis zu, den wir gründlich emulgieren.
Diese Grundierung tragen wir nun rasch und relativ dünn auf die geleimte Leinwand auf. Neuerdings wird statt dieser Mischung auch Dispersionsfarbe verwendet. Die Präparierung sollte nicht allzu frisch verwendet werden. je mehr Leinölfirnis verwendet wurde, um so länger sollte mit der Verwendung der Leinwand zugewartet werden.
Nun kann die zweite Übung beginnen. Dem Schüler ist die Aufgabe gestellt, aus einer Farbe heraus das Stilleben zu malen, doch zum Unterschied zur ersten Übung muss er nun nicht nur die Helligkeitswerte, sondern den Begriff von Warm und Kalt bestimmen.
In der Malerei unterscheiden wir warme Farben, d.h. solche, die gegen das Orangerot hinneigen, und kalte Farben, die zu einem Grünblau hinführen. Jede Farbe also, z.B. ein Grün, kann nun in Töne des warmen und des kalten Grüns geteilt werden. Sie können sich sogar überkreuzen, so dass ein warmes Blau wärmer wirken kann als ein kaltes Rot. Die Aufgabe dieser Kalt-Warm-Übung ist also so aufzufassen, dass der Schüler eine Farbe auswählt — sagen wir Grün. Er malt zunächst einmal eine Farbleiter von sechs Stufen des hellsten bis zum dunkelsten Ton in warmen Farben und daneben dunkelste bis hellste Töne in kalten Farben des Grüns. Er benützt diese neue — bis jetzt nur theoretische — Erfahrung, um bei seinem Stilleben nun jede wesentliche Fläche abzutasten nach den folgenden zwei Gesichtspunkten:
a) welchen Helligkeitsgrad hat die Fläche und
b) welchen Grad von Warm oder Kalt.
Diese Frage wird sich der Schüler noch einige Jahre ganz bewusst stellen müssen. Schon die Fragestellung hat den grossen Vorteil, dass er ganz bewusst erstens hinsehen, erleben und zweitens sich dann entscheiden muss. So verfällt er weniger dem äusseren Zufall.
Der Schüler muss also zwei Sachen auf einmal fühlen und tun, sowie sich klar entscheiden lernen. Es ist einfacher, wenn am Anfang bestimmt wird, wo der wärmste Ton angelegt wird und wo der kälteste. Bei manchen Flächen wird der Schüler unsicher, doch soll er lernen, sich zu entscheiden. Der eine empfindet die Farbe wärmer, der andere kälter — ein objektiv Richtiges gibt es nicht, doch dürfen keine Unsicherheiten entstehen. Er muss nicht etwa meinen, seine Farbnuance müsse genau mit der Natur übereinstimmen. Auf die Farbwirkung im Verhältnis zu den anderen Farben kommt es an. Der Schüler soll mit der Zeit merken, je überzeugter er den Entscheid fällt, um so überzeugender wirkt das Bild nachher auf den Betrachter. Mit der Zeit empfindet er selbst, dass eine innere Gesetzmässigkeit für das Bild wichtiger ist als ein Kopieren der Natur. Er muss begreifen lernen, dass es hier schon um die ersten Anfänge des Gestaltens geht und nicht um lediglich es Abmalen. Ein logisches Entwickeln des gesamten Bildes von Anfang an verlangt grössere Konzentration, als wenn der Maler, nur dilettantisch dem Zufall ausgeliefert, anfängt abzumalen.
Beim Vergleichen von Warm-Kalt und Hell-Dunkel muss sich der Maler bewusst sein, dass es bei diesen Unterschieden um eine Art Spannungsverhältnis geht. Setzt er nun z.B. seine Aufmerksamkeit hauptsächlich bei zwei Farben auf ihren Kalt-Warm-Unterschied, so darf er nun bei der zweiten Frage Hell-Dunkel bei den gleichen Farben nicht noch einmal diese gleich grosse Differenz wählen, sonst

addieren sich die beiden Spannungsverhältnisse, das Resultat wird falsch, und diese Stelle im Bild viel zu heftig und hart. Hier gilt es nun eben mit grosser Sensibilität die beiden Komponenten so auszuwägen, dass das Resultat genau dem Bildganzen entspricht. Es wäre falsch, hier eine Regel aufzustellen. Das Gefühl des Künstlers muss massgebend sein.

Der Maler Ernst Morgenthaler hat in einem kleinen Buch über Paris von dem Braque den schönen Satz geschrieben: «Ecrire n'est pas décrire et peindre n'est pas dépeindre.» Hat der junge Maler seine Aufgabe hier begriffen, wird er selbst erstaunt sein über die Farbigkeit und den Reichtum des Gemalten und kaum glauben, dass dies alles im Grunde aus einer Farbe heraus entstanden ist. Er muss fühlen, dass mit dem Wissen um diesen neuen Begriff Warm-Kalt noch wenig getan ist. Er muss spüren, dass hier in seine Erlebniswelt eine neue Proportion zur Grössenproportion kommt — zu Weich-Hart und zu Hell-Dunkel. Hier zeigt sich, was er vielleicht schon längst empfunden, jedoch nicht klar bewusst erlebt hat: die Proportion Kalt-Warm, die, meiner Ansicht nach, eine weit grössere Rolle spielt, als man gemeinhin annimmt. Diese neue Erkenntnis muss der Schüler nun wirklich verschmelzen können mit den früheren Übungen. Es darf keine Zweiteilung entstehen, sondern sein Sensorium muss auf die beiden Fragen ganz primär reagieren. Bei Hell-Dunkel sind wir dies gewöhnt, jedoch bei Kalt-Warm weniger, und man muss dem Schüler genügend Zeit lassen, sich ganz in diese neue Welt einzuleben.

Diese Übung soll ruhig einige Male mit verschiedenen Ausgangsfarben versucht werden. So lernt der Schüler zusätzlich auf praktische Art die Eigenart jeder Farbe und ihr Mischvermögen kennen. Er lernt mit den Farben allmählich vertraut zu werden, und zwar nicht vom rein ästhetischen Reiz aus, nicht vom Zufall oder der Palette diktiert, sondern aus gestaltendem Willen heraus.

Jetzt hat der Schüler schon ein wenig Blut, bzw. Farbe gerochen, er wird ungeduldig, dass man ihm noch Zügel anlegt und ihn zu einer disziplinierten Vereinfachung zwingt. Später wird er einsehen, dass es besser ist — wie im Zeichnen —, zunächst mit ganz einfachen Gegenständen anzufangen und über Kopf-, Bewegungs- und Gewandzeichnen schliesslich zum Akt zu kommen. Ganz gleich wollen wir es mit dem Malen halten, und so wählen wir als dritte Übung die Darstellung der Lokalfarbe.

3. Übung: Die Lokalfarbe

Für diese Übung soll der Lichteinfall so gewählt werden, dass er nicht von der Seite her, sondern voll auf das Objekt fällt und daher nur schwache Schatten entstehen. Die Lichtform jedes Körpers wird zur Dominante und von dieser nehmen wir nun die sogenannte Lokalfarbe. Die Eigenfarbe des Körpers, bzw. die Erscheinung der Farbe der Lichtform dieses Körpers in seiner Ganzheit entspricht der Lokalfarbe.

Nehmen wir ein einfaches Stilleben mit einer weissen Kaffeetasse, einer Zitrone, einem Brot und einem Apfel auf braunem Tisch vor blauer Rückwand, so zeichnen wir erst einmal ganz einfach die Volumina der verschiedenen Körper zueinander und bestimmen nun die Farbe jedes dieser Körper in einer möglichst klaren, bestimmten Farbe. Wir verzichten auf jeden Schatten, auf jede Zufälligkeit oder Unebenheit (z.B. beim Apfel, wenn er grün/gelb ist und auch noch rote Streifen hat) und wählen klar die Hauptfarbe, die Farbe, die für uns gefühlsmässig das Übergewicht hat. Hier gehen wir z.B. von der Zitrone aus — diese wähle ich als den für den Malenden wichtigsten Teil des Stillebens aus. Wie erscheint uns die Tischplatte dazu, wie der Hintergrund, wie die Tasse? Wir sehen, sie ist hell. Hell ist aber keine Farbe, und so müssen wir uns für eine Farbe entscheiden und wählen, z.B. ein kühles, hellgrünliches Blau. Jeder empfindet einen Farbklang anders und muss ganz für sich selbst entscheiden. Auf zwei Dinge soll er vor allem achten: dass Hell ein Valeur und noch keine Farbe ist, d.h. deutlicher ausgedrückt, jede Farbe hat nur bis zu einer gewissen Helligkeitsstufe noch einen wirklichen Farbwert. Bei jeder Farbe liegt diese Grenze verschieden, ebenso verhält es sich mit der Dunkelheit. Und gerade hier werden die meisten Fehler gemacht. Sobald der Schüler aus einiger Distanz sich sagen muss: dieses Blau, dieses

Braun ist eigentlich nur dunkel, fast schwarz, dann ist der Fehler schon geschehen. Das Blau als Blau muss für sein Gefühl stärker, darf nicht nur ein dunkler Ton sein. Das Gleiche gilt umgekehrt für die Helligkeit. Nun liegt aber nicht nur bei jeder Farbe diese Valeurgrenze für den Farbwert ganz verschieden, sondern die anstossende Fläche in ihrer Farbe und ihren Valeurs ist ebenfalls wesentlich mitbestimmend für den Grenzgrad einer Farbe.

Als ganz allgemeine, etwas oberflächliche Faustregel darf man sagen, dass für diese Übung alle ganz hellen Stellen lieber zu dunkel und die dunklen Stellen lieber zu hell gemalt werden sollen. Wenn man in der ersten und zweiten Übung möglichst grosse Differenzen der Valeurs herausgearbeitet hat, um die Spannung und räumliche Klarheit des Bildes zu erhöhen, so reduziert man nun bei der dritten Übung diese Valeurs, um die Aussage und Spannung der Farbe zu erhöhen. Als Hauptsache bleibt, dass eine Lokalfarbe zur anderen in Beziehung steht, sie ist nie selbständig, sie «antwortet» quasi auf eine andere Farbe, oder, anders ausgedrückt, die Farben stehen untereinander im Spannungsverhältnis und müssen in einem Gleichgewicht zueinander sein.

Was weiterhin den Maler dieser Übung zum besonderen Überlegen zwingt und Schwierigkeiten macht, sind die sogenannten neutralen Farben, d.h., die Farben, die sich irgendwie dem Grau nähern oder nicht eigentlich als eine klare Farbe ansprechbar sind. Hier muss der Schüler sich nun entscheiden lernen. Durch den Einfluss der umgebenden Farbflächen und vor allem durch die Farbfläche, auf die er alle anderen schon bezogen hat, sollte er spüren, zu welcher Farbgruppe er diese fast neutrale Farbe wählen will. Er sagt sich z.B.: «Rot, nein, auch blau nicht, gelb eigentlich auch nicht — es liegt dazwischen.» Also versucht er es mit einer entsprechenden Farbe, die näher gegen Gelb oder Blau, je nachdem, wie sein Gefühl es ihm diktiert, sein Farbsinn es ihm sagt, d.h. wie die neu gewählte Farbe die anderen Farben unterstützt und nicht aus dem Gesamtfarbklang herausfällt.

Hierin zeigt sich nun so recht, ob einer eine farbige Begabung hat oder nicht. Ein angeborenes Farbempfinden bewirkt, dass der Schüler klar fühlt, welcher Farbton die anderen Farben unterstützt und sich in den Gesamtfarbklang einfügt. Man kann also nicht genug das Gefühl für das Gleichgewicht, den Farbklang durch Übung und strengste Eigenkritik entwickeln. Dazu gehört noch der Sinn für die Dichtigkeit und Reinheit der Farbflächen. Ein Ungefähr darf es nicht geben, auch keine Ausreden, deshalb reine Farbflächen, die miteinander auch wirklich farbig vergleichbar sind. Der Schüler darf nie vergessen, dass am Ende eine farbige Bildeinheit entstehen soll. Mit der Zeit muss er sich vom Abmalen der Farbe des Gegenstandes freimachen und dieselbe nur in ihrer Bildwirkung im Zusammenhang zum Bildganzen sehen. Das ist theoretisch leicht einzusehen, doch ist es nicht damit getan. Das Gefühl für das Gesamtbild, in dem jede Fläche in einer bestimmten Relation zur anderen stehen muss, hat in Fleisch und Blut überzugehen. Der junge Maler muss eher übertreiben und nicht mehr in begrifflichen Werten denken — also nicht Strasse sagen — sondern warm Blau zu kaltem Blau usw.

Dieser Schritt vom «rein bürgerlichen» Sehen zum eigentlich malerischen Sehen ist ungeheuer schwer. Oft hängt jemand in rührender Art an einem moralischen Begriff der Ehrlichkeit, der für das Malen aber grundfalsch und nicht anwendbar ist. Der Maler muss sich überlegen, dass er mit seiner Arbeit im Grunde genommen ja eine Illusion gibt. Er ahmt nicht nach, sondern erschafft eine zweite, neue Natur mit ihren eigenen Gesetzen.

Es kommt natürlich vor, dass der Maler seine Vorstellung von einer Farbfläche nicht durch eine prima gelegte dichte Farbschicht ausdrücken kann. Er empfindet die Farbe vibrierend, ein wenig kälter als die Farbe, die er gewählt hat. Er kann nun seine erste wärmere Farbfläche mit einer Nuance eines kälteren Tones der gleichen Farbe leicht überstreichen. Er deckt sie nicht vollkommen, sondern entweder lasiert, d.h. er streicht mit ganz dünner, durchsichtiger Farbe darüber, oder er setzt lockere Striche der kälteren Farbe darüber, so dass der Untergrund je nach dem gewünschten Grad mitbestimmend durchwirkt. So entsteht eine Fläche, die viel schwingender, viel lebendiger erscheint.

Recht instruktiv ist der Versuch, wenn das Stilleben vor

einen schwarzen Hintergrund gestellt wird und andere Gegenstände, z.B. ein weisser Milchkrug, davor. Jetzt ist das Ziel zu erreichen, das Schwarz sowie das Weiss, die wir gewöhnlich als Helligkeitswerte, als Valeurs empfinden, nun als Farbwerte zu betrachten. Dieses neue Empfinden hat einen bedeutenden Einfluss auf die anderen Farben. Ich muss bei der Farbe jedes Körpers des Stillebens mir ganz bewusst sein: Hält die gewählte Farbe dem Schwarz stand? Oder wieder: Entsteht zwischen den Farben des Apfels und der Birne die gleiche Spannung wie zwischen dem Schwarz und den anderen Farben? Ist dies nicht erreicht, so erscheint das Schwarz nur als Dunkelheit und nicht als Farbe. Das Schwarz zwingt einen zu sehr klaren, festen, reinen Farben. Das Abmalen hört so von selbst auf, und ich muss beinahe erfinden, Lösungen suchen, die eben nicht im lediglichen Abmalen bestehen. Die Empfindung z.B. für Warm und Kalt ist dafür von entscheidender Bedeutung.

Maler wie Matisse oder Bonnard und vor allem Braque haben dieses letztere Problem auf das subtilste ausgebildet. Natürlich ist bei diesen Künstlern die Lokalfarbe als Begriff weiter gefasst. Am reinsten sehen wir wohl den Begriff und die Freude an der Lokalfarbe ohne Schatten, ohne grosse Töne bei Kindern ausgebildet. Nichts ist erfrischender anzusehen als farbige Blätter noch von der Schule unverbildeter Kinder, bei denen die Farbe seltene Überzeugungskraft und Klang hat.

Auf einen, am Anfang häufig vorkommenden Fehler sei hier noch besonders aufmerksam gemacht. Der Schüler vergleicht wohl Farbfläche mit anstossender Farbfläche, aber während der Arbeit kann geschehen, dass die Farbfläche nicht mehr auf die Ursprungsfläche bezogen wird. Plötzlich taucht z.B. eine neue Farbfläche am oberen linken Teil des Bildes auf, und er bezieht, ohne sich bewusst zu werden, die weiteren Flächen auf diesen Teil des Bildes. Das Resultat ist eine farbige Zweiteilung des Bildes. Wenn dies einige Male geschieht, kann eine farbige Zerrissenheit entstehen. Auf alle Fälle wird die Bildeinheit, das Wichtigste, zerstört. Gerade draussen, in der Natur, bedarf es oft einer ganz bewussten Klarheit und Willensanstrengung, um diesen Fehler zu vermeiden. Gar zu leicht lässt man sich von allen neu auftauchenden farbigen Details verführen.

Die Übung, so leicht verständlich und einfach sie erscheinen mag, wird nach meiner Erfahrung, jedenfalls unter dem Himmelsstrich, unter dem ich unterrichte, sehr mittelmässig erfüllt. Wenn es hoch kommt, entsteht eine nicht schlechte Kindermalerei oder eine Art «art primitif», aber wirklich farbig primäres Empfinden habe ich höchst selten angetroffen. Wie Musikalität ist auch der Farbsinn angeboren. Mit Verstand und Logik erreiche ich wohl etwas, doch herzlich wenig im Verhältnis zu den vorherigen Übungen. Um so mehr gilt es, die dritte Übung mit grösstem Interesse und viel Abwechslung zu pflegen. Vielleicht spürt der eine oder andere doch, dass da etwas Verborgenes liegt, das seinem innersten Gefühl entspricht.

Um den Schüler nicht allzulange mit dem gleichen Problem zu ermüden, schalten wir eine neue Übung ein, die als Zusatz zur ersten und zweiten Stufe gelten soll.

4. Übung. Erste Zusatzübung zur 2. Übung

Der Schüler malt ein von der Seite beleuchtetes Stilleben in Grautönen, warmer, kalter und fein abgestimmter Valeurs. Hier darf er aber, wenn es sich dabei z.B. um ein Früchtestilleben von roten Äpfeln handelt, bei welchen dem Maler der Klang des Rots wichtig ist, die Farbe Rot dort zusetzen, wo die wichtigen Akzente dieses Rots liegen. Er darf aber nur so weit gehen, dass die zugesetzte Eigenfarbe die Valeurs nicht zerstört, sondern bereichert. Diese letzte Übung ist beim Portraitieren besonders lehrreich, und mit eigentlich sehr einfachen Mitteln wird ein Maximum an Wirkung erzielt. Ich denke vor allem an viele Bilder des Basler Malers Max Kämpf. Die bewusste farbige Beschränkung kann zu einer ganz delikaten Farbigkeit führen. Aber auch beim Stilleben kann man so langsam in logischer Arbeitsweise von den rein kalt-warmen Valeurs zu einer sehr reduzierten, sensiblen Farbigkeit gelangen.

Ich halte mich nicht mehr genau an Schemata 1 und 2, sondern bewege mich ein wenig freier, ohne aber das Bildganze durch die zusätzliche Farbe, den Hauptwert und die Spannung, die in der Differenzierung der Valeurs liegt, zu zerstören. Auf dies letztere muss strengstens geachtet werden, ansonst der Bildstil unausgeglichen, unklar, zufällig und zerrissen wirken kann. Die Einheitlichkeit und der Stil des Bildes, d.h. der Ausgangspunkt, der klare Bildwille geht verloren.

Es ist dem Schüler klarzumachen, dass es viele Möglichkeiten gibt, eine Sache zu gestalten. Am Anfang seiner Entwicklung ist es nicht unwichtig, dass er einige unter vielen anderen Möglichkeiten am eigenen Leibe erfährt und sich nicht vorzeitig festlegt. So wird er auch am ehesten fühlen, welche Art der Durchführung, d.h. welche Mittel seinem Wesen und seiner natürlichen Begabung am meisten entsprechen. Aus diesem Grunde lasse ich jetzt den Schüler eine zweite Zusatzübung als Ergänzung zu Übung 3 ausführen, welche das Problem der Lokalfarbe betrifft.

5. Übung. Zweite Zusatzübung zur Lokalfarbenübung 3

Der Schüler beginnt seine Aufgabe, indem er möglichst klare, reine Lokalfarben auf die Leinwand setzt. Dann legt er darüber in grosser Vereinfachung die Schatten der einzelnen Körper, und zwar nicht auf jede einzelne Lokalfarbe, bzw. Körper die ihr entsprechende Schattenfarbe, sondern in einem relativ neutralen kühlgrauen bis dunklen Ton, der sich aber in den tiefsten Akzenten zu energischer Dunkelheit steigern kann. Dazu kommen die Akzente der harten Begrenzungen im Verhältnis zu den weichen Schatten usf. Der Schüler soll bei diesem Darübersetzen der dunkleren Töne und harten Akzente spüren, wie sich diese Dunkelheiten in einem gewissen Rhythmus auf dem Bilde verteilen. Das Bild erhält auf diese Weise einen stark rhythmischen Halt, eine festes Gefüge. Dieses Bildgefüge bildet einen wesentlichen Teil der Bildkomposition. Der Nutzen dieser Übung liegt vor allem in der überraschenden Wirkung, die ein rhythmisches, kompositorisches Sehen auf ein farbiges, relativ flaches, noch wenig geordnetes Bild ausüben kann. Der junge Maler spürt vielleicht so am besten, wie wichtig für das Bildganze sein innerer Rhythmus, seine Bildordnung ist, ja dass dann jede Farbe nicht mehr wie zufällig daliegt, sondern an Ausdruck gewinnt und dem Bildganzen dient.

6. Übung

Nun versuchen wir die nächste Stufe. In dieser wollen wir den Schüler in gewisser Weise aufatmen lassen; er soll sich befreiter fühlen. Ich nenne sie die Farbfleckenübung. Diese dient vor allem der Entwicklung und Übung des Farbsinnes.

Wir setzen das Stilleben nicht in ganz volles Licht wie bei der Übung der Lokalfarbe, sondern es soll etwas stärker räumlich wirken. Ich gehe von einem Farbfleck aus, sagen wir der Lichtform einer Zitrone. Nun setze ich die Nachbarflächen, z.B. die des anschliessenden Hintergrundes und die des eigenen Körperschattens und der Bodenfläche. Ich lasse mich von dem Farbausdruck der Flecken, ihrer Form, ihrer Bedeutung berühren. Ihr Valeur ist mir sozusagen unwichtig, deshalb untersuche ich nun jeden Flecken in bezug auf den Ausgangspunkt und dann zu seinem Nachbarn. Ich denke nicht an Schatten, Lichtform oder Lokalfarbe. Alles wird einfach zum abstrakten Farbfleck, der in einer bestimmten Relation zur Nebenfläche steht. Ich gebe mich vollständig diesen Farbrelationen hin, darf jedoch dabei den Ausgangspunkt bzw. die Fläche nicht vergessen. Ich beziehe jeden Farbfleck zuerst darauf, dann auf seine Nachbarflächen. Hier tritt nun in vermehrtem Masse die Erscheinung der Komplementärwirkung auf, ebenso die der Reflexe. Also z.B. wirkt ein Kopf vor einem stark gelben Hintergrund, der an sich als Eigenfarbe einen normalen rötlichen Fleischton hat, durch die Komplementärwirkung fast grau. Die Eigenfarbe wird quasi mit einem Blau überschattet, und es entsteht die entsprechende bläulichgraue bis lila Mischung. Alle diese Erscheinungen sollen natürlich nicht so übertrieben werden, dass die farbige Bildeinheit zerstört wird. Vor allem aber hüte man sich davor, rein theoretisch vorzugehen und mit dem Verstand diese Einwirkungen nachkonstruieren zu wollen. Nur was man selbst beobachtet, empfunden hat,

fördert die Arbeit im künstlerischen Sinne. Zwischen den Farbflecken lasse ich ruhig einen weissen kleinen Zwischenraum. Der einzelne Fleck soll klar und bestimmt aufgetragen sein, keiner darf aus dem Ganzen herausfallen, sonst ist er falsch hingesetzt. Es ist wohl eine Art abstrahieren von Valeur und Form, hat aber mit dem heutigen Begriff abstrakter Malerei überhaupt nichts zu tun. Die grosse Überraschung am Ende der Arbeit ist die verblüffende räumliche Wirkung.
Dabei darf man sich jetzt wohl an die Arbeitsweise eines der grössten Maler erinnern, nämlich Cézanne, der in gewisser Weise in dieser Richtung arbeitete. Ich meine damit seine unglaubliche, fast wissenschaftliche Logik der Abhängigkeit der Farben voneinander; aber bei ihm vor allem auch noch verbunden und abhängig von der klaren Form und räumlichen Vorstellung.
Bei dieser Übung ist für den Schüler von besonderem Vorteil, dass er sich ganz seinem Gefühl hingeben kann, sich ganz auf die Relation der Farben konzentrieren und vorläufig alles andere weglassen darf.

7. Übung

In dieser Übung soll sich der Schüler ein Stilleben zusammenstellen, für dessen Darstellung er keine eng definierte Aufgabe bekommt, wie das Stilleben aufzufassen sei. Er muss sich selbst darüber klar werden, wie er die einzelnen Stufen nun verwenden soll, um seine Aufgabe zu bewältigen. Eine ganz neue Periode setzt somit für ihn ein. Der Maler hat jetzt selbständig zu entscheiden und zu handeln. Nicht wie in der Schule soll er sich rein verstandesmässig an die verschiedenen Stufen erinnern, sondern er muss fühlen, welche der Stufen, was von dem Gelernten und in welcher Kombination er diese für seinen Bildeindruck am besten verwenden kann.
Das tönt sehr einfach, ist aber recht schwer für den Anfänger, sich selbst überlassen zu entscheiden, wie anfangen und spüren, was er überhaupt will. Je klarer dieses Gefühl des Bilderlebnisses ist, um so besser. Der Schüler lasse sich reichlich Zeit, bis das am Anfang noch vage Gefühl für das Bild sich immer mehr und mehr verdichtet und beinahe klar vor seinem inneren Auge steht. Trotz mancher Gegenbehauptung glaube ich, dass gerade in diesem Punkt am Anfange der Arbeit der Lehrer vielleicht am stärksten auf den Schüler einwirken kann.
Hier, beim Bild- und Sichterlebnis, beginnt schon der Anfang der Bildgestaltung — vielleicht noch ganz im Unbewussten. Je klarer diese Bildvorstellung wird, um so klarer werden auch die Mittel zur Realisierung verwendet werden können. Bleiben der Bildgedanke, das Erlebnis nur ein vages Gefühl, ist Gefahr, dass auch die Ausführung vage ungefähr bleibt. Es muss ja immer wieder ein Entschluss gefasst werden, ob dieses oder jenes Mittel anzuwenden ist. Wenn das Ziel unklar, verschwommen ist, werden auch die Entschlüsse unsicher. Mit diesem Klarwerden der Bildvorstellung meine ich nicht, dass sie auf rein gedanklich intellektuelle Art erreicht werden kann. Sicher sollen weder gesunder Menschenverstand noch Logik fehlen. Aber mit diesen allein ist es nicht getan. Das Gefühl muss durch das Bilderlebnis aufgeweckt werden und zusammen mit Verstand und Können zur Realisierung drängen. Hiezu bedarf es vor allem einer grossen Konzentration, die im Grunde bis zur fertigen Gestaltung der Aufgabe nicht abbrechen darf. Diese Forderung zur unbedingten Konzentration ist in unserer Zeit und unserem Breitengrade vielleicht die schwierigste Aufgabe.
Unsere Erziehung in der Schule und zu Hause geht doch vor allem darauf aus, möglichst viele Tatsachen zu sammeln, und enorme Wissensgebiete müssen für Examina bewältigt werden. Für alle Grade des Lernens bedeutet das geübte Gedächtnis eine gewisse Erleichterung für den Schüler. Er sammelt und muss sehr viel aufnehmen, ohne dass man ihn eigentlich zuerst denken lehrt.
Intellektuelles Wissen ist für die Leistung eines Malschülers nicht ausschlaggebend. Jedoch muss er sich statt dessen ganz einem Eindruck hingeben können, sich ganz öffnen und mit vollster Konzentration das Wesentliche, das für ihn Bestimmende daraus spüren und behalten. Ich glaube, dass im allgemeinen diesem Punkt in der Erziehung, der Ausbildung des jungen Künstlers viel zu wenig Beachtung geschenkt wird. Fällt nämlich diese Konzentra-

tion am Anfang weg und fehlt der Wille zur wirklichen Gestaltung eines Sichterlebnisses, so verfällt der Anfänger leicht einem billigen, unkünstlerischen Naturalismus, er unterliegt dem Objekt oder füllt dann während der Arbeit die Leere seines Erlebnisses mit artistischen Mätzchen oder rein dekorativer Ästhetik aus. Alles Auswege, die wir heute durch Ausstellungen kennen, die uns bald gleichgültig werden lassen und uns langweilen, weil durch das Fehlen eines Erlebnisses keine eigentliche Aussage gemacht wird, vor allem keine menschliche Aussage — und auf diese kommt es letzten Endes an.

Es hat deshalb keinen Sinn, den Schüler einfach weiterarbeiten zu lassen, wenn der Grundimpuls, die Sensation des Bilderlebnisses nicht stattgefunden hat. Es fehlt dann auch der Impuls, der ihn durch die ganze Arbeit treiben muss. Er nähert sich höchstens einem «l'art pour l'art». In einem Schulbetrieb ist aber gerade dieser wichtige Punkt recht schwer zu realisieren. Der Schüler muss sich immerhin vorstellen, dass der Betrachter des Bildes etwas fordert und darf auf keinen Fall das Gefühl haben, das Bild hätte auch ungemalt bleiben können. Aus dem Bild muss diese Festigkeit des Müssens — so und nicht anders — als Wirkung sprechen.

Mit Konzentration arbeitet der Schüler nun an der ihm freigestellten Aufgabe. Wichtig ist während seiner Arbeit seine Selbstkontrolle, eine Eigenkritik an seiner Arbeit. Er muss spüren, ob sie sich noch mit seinem ersten Eindruck deckt, ob er sich nicht in Einzelheiten verloren hat und ob ihn hier und dort das Objekt von seiner Hauptaufgabe nicht verführt, abgelenkt hat und ihn ein malerisches Detail vom ersten wesentlichen Eindruck, dem eigentlichen Sichterlebnis, abirren liess. Langsam kann es geschehen, dass der Maler plötzlich einen zweiten, ja dritten Ausgangspunkt hat, und unweigerlich zerfällt das Bild in einzelne Teile, was den Rhythmus des Bildes stört. Manchmal ist es schwer, zur Zeit zu spüren, wann das Abirren beginnt. Ein Nachlassen des ursprünglichen Gefühls, ein Mangel an der notwendigen Konzentration waren dann unter Umständen daran schuld. Sehr schwer ist es, diese innere Spannung durchzuhalten, und nur mit Freude und wirklicher Anteilnahme kann das Ziel erreicht werden.

8. Übung

Um nun dem Schüler das Wesen dieses Sichterlebnisses nachdrücklich klarzumachen, scheint es mir richtig, ihn dies an einer praktischen Übung selbst erfahren zu lassen. Entweder stellen wir ihm als Aufgabe ein ganz einfaches Stilleben, oder er kann sich im Freien ein einfaches, ihn beeindruckendes Motiv wählen. Er soll sich eine rein zeichnerische Skizze davon machen und wissen, dass er hinterher aus der Erinnerung seinen Eindruck farbig gestalten muss.

Wie ich schon oben angetönt habe, ist der Zweck dieser Übung, dass der Schüler sich bemüht, einen möglichst klaren Bildeindruck zu gewinnen und diesen mit der rein zeichnerisch formalen Stütze im Gedächtnis zu behalten. Vielleicht verhilft ihm dies sogar so ganz nebenbei zu einer freien, tiefer empfundenen Zeichnung. Arbeitet er nun nach seiner Erinnerung und dieser Zeichnung, so ist er viel freier vom nur zufälligen Natureindruck. Unwesentliches fällt ganz von selbst weg. Das Gesetz des Bildes fängt an wichtiger zu werden, sein Rhythmus, sein Farbklang. Der Maler muss zum Teil mit Überlegung arbeiten, zu der er nun die Erfahrung, die er in dem bisherigen Studium der verschiedenen Stufen machte, verwenden kann. Natürlich soll er sich ganz dem Gefühl seines Erlebnisses hingeben und dann dies mit seiner Erfahrung zu vereinen suchen. Leider wird er bald merken, wie mangelhaft seine Beobachtung war und wie wenig er das Objekt als Bild sah. Seine Erinnerung besteht noch in inhaltlichen Werten des Bildes. Den Inhalt könnte er vielleicht ausgezeichnet niederschreiben, da er den literarischen Gehalt statt Farbflächen, statt der Spannung zwischen Hell-Dunkel usf. sah. Es braucht viel Übung, wie etwas angesehen werden muss. Gerade scheinbar unbedeutende Selbstverständlichkeiten bleiben in der Erinnerung nicht haften und fehlen dann sehr. Durch unsere Erziehung sind wir gewöhnt, sozusagen in ganz anderen Nomenklaturen zu denken. Wir denken z.B. Strasse — statt blauer Vordergrund — sagen heller, strahlender Morgenhimmel — statt gelblich-grün Warm, ein wenig heller als das kalte Blau der Berge. Diese Umstellung ist schwer für den Anfänger. Er muss sich in den Rhythmus und die Spannung des Objektes einleben und in ihm aufgehen. Zugleich soll er distanziert sein, fast kalt, klar und dann doch ganz nah von ihm erfüllt. Für den Laien ist schwer zu verstehen, dass der Künstler diese scheinbar gegensätzlichen Qualitäten vereinen muss. Für dieses letzte Begreifen und Nachfühlen der Natur und deren Gestaltung gibt es eine reizende Geschichte, die man sich von dem berühmten japanischen Maler Hokusai erzählt.

Der Maler bekam vom Kaiser den Auftrag, einen Hahn zu malen. Nach dem ersten Jahr wollte der Kaiser wissen, wie weit die Arbeit gediehen sei. Der Maler bat um Geduld. Im zweiten Jahr kamen wieder Hofmeister und Angestellte des Hofes und ersuchten um das Ergebnis seiner Bemühungen, doch wieder mussten sie mit leeren Händen zum Kaiser zurück. Im dritten Jahr kam nun der Herrscher selbst zum Künstler, mit der Drohung, dass, wenn der Auftrag nicht erfüllt sei, er dies mit dem Leben bezahlen müsse. Der Kaiser trat in ein leeres Atelier — kein Hahn war zu sehen. Voll Zorn verlangte er vom Künstler eine Erklärung. Dieser sprach: «Geduld, mein Herr Gebieter, ein Hahn soll Dir gemalt werden!» Und er zeichnete vor den Augen des Kaisers mit dem Tuschpinsel einen Hahn, der so voll Leben und Echtheit war, dass der Kaiser, verblüfft von dem raschen Entstehen dieses Kunstwerkes, den Maler fragte: «Warum nur hast du drei Jahre lang gezögert, meinen Wunsch zu erfüllen, wenn du jetzt, in höchster Not, die Arbeit mit solcher Meisterschaft bewältigst?» «Herr, sieh her!» Und in einem Schrank lagen Hunderte von Zeichnungen desselben Hahnes in allen Stellungen und Arten der Darstellung. «Ihr seht, zuerst musste ich mir selbst klar werden, ja sogar fast zum Hahn werden, um ihn vollkommen zu gestalten.» Der Kaiser war es zufrieden und nahm den Künstler wieder in Ehren an seinen Hof.

Leicht ist also die letzte Übung nicht und lässt am ehesten jedem jungen Maler klar werden, wo es noch fehlt, wie weit der Weg und dass nur mit vollständiger Hingabe an die Sache etwas zu erreichen ist. So wird auch der grosse Unterschied vom Dilettanten zum berufenen Maler spürbar. Und wenn Berufung etwas zu pathetisch klingt — sagen wir doch einfach aus Freude, einer Freude, die niemand zerstören kann und die, wenn sie produktiv sein soll, auch das berühmte Wort von Cézanne «il faut réaliser» in sich schliesst.

Der Schüler soll sich nun die Ergebnisse der verschiedenen Stufen vorlegen und von sich aus diejenigen Übungen wiederholen, die ihm noch ungenügend erscheinen. Mit seinen gemachten Erfahrungen wird er manches viel besser verstehen, frischer, klarer hinsetzen, wie auch die Zusammenhänge besser begreifen. Er spürt feinnerviger die Spannungen und Relationen der Farben zueinander, der Hell-Dunkel-Werte. Und nun soll es ihm keine Ruhe mehr lassen, diese verschiedenen Stufen nach Möglichkeit zu realisieren.

Diese bisher angeführten Übungen könnte man noch erweitern. Es folgt auf das Stilleben das Portrait, die Halbfigur, die ganze Figur, zwei Figuren und die Gruppe, das Interieur und der Akt. Sobald es die Jahreszeit erlaubt, arbeitet der Maler draussen in der Natur. Sicher tauchen bei all diesen verschiedenen Aufgaben Sonderprobleme auf, doch das Wesentliche bleibt sich, vom Maler aus gesehen, künstlerisch gleich.

Der junge Künstler — so er wirklich einer ist — soll all dies wieder vergessen und an keinen der hier geschriebenen Sätze mehr denken. Für ihn haben nur noch sein Wille, sein Gefühl, seine Freude und Begeisterung, sein inneres Mass und Gesetz zu existieren, nach welchen er sich zu richten hat.

Der Text dieser Schrift stützt sich auf den Unterricht des Verfassers während 12 Jahren an der Malklasse der Allgemeinen Gewerbeschule Basel.

Zeichnungen, Aquarelle

Mondnacht an der Ostsee, 1929

Eisbrecher an der Moldau, 1928

Bergweiden, 1950

Knaben im Schilf, 1948

Trommler, 1942

Gelbe Iris mit Schilf, 1947

Pappeln, ca. 1950

Zwei Badende, 1947

Sarah, ca. 1965

Auf dem Fauteuil kauernd, ca. 1970

Felsen, 1950

Schilfufer, 1947

Oliven vor dem Meer, 1965

Akanthusblätter, ca. 1974

Ruhiger Rhein mit Wolken, ca. 1960

Rhein mit Wettsteinbrücke und Münster, ca. 1956

Mädchen mit der Lampe, ca. 1954

Liegende, ca. 1970

Felsenküste, ca. 1970

Meer, 1972

Blumen

Lucia im Bett, 1958

Mädchen, ca. 1972

Im Atelier, 1935

Platanen am Rheinweg, 1970

Iris und Eschscholzien, 1978

Die Schlafende, ca. 1954

Akt, ca. 1950

Liegende, 1945

Selbstporträt mit Hut, ca. 1960

Werkverzeichnis

Ölgemälde

Kanallandschaft in Frankreich, 1923, 73×92 cm, S. 14
Schlafender, 1926, 67×80 cm, S. 16
A.H. im Atelier, 1926, 81×75 cm, S. 15
In der Kneipe, 1926, 74×68 cm, S. 17
Totentanz (Barfüsserplatz in Basel), 1926, 85×74 cm, S. 25
Fischerknabe in Schweden, 1927, 80×67 cm, S. 21
Fabrikgebäude im Schnee in Berlin, 1928, 85×100 cm, S. 19
Nähende im Atelier, 1928, 100×80 cm, S. 22
In den Dünen, 1928, 120/105 cm, S. 18
Martin Hans Schiess und Frau von Zieritz im Atelier, 1929, 110×90 cm, S. 23
Der kranke Herr H. im Atelier, 1929, 80×63 cm, S. 26
Die Fischesser, 1929, 85×100 cm, S. 20
Maskenball, 1929, 39×47 cm, S. 24
Andrea am Tisch, 1931, 76×92 cm, S. 29
Sonnenblumen, 1931, 98×120 cm, S. 28
Andrea mit blauem Pferd, 1931, 80×100 cm, S. 30
Abit im Park, 1931, 100×93 cm, S. 27
Mädchen auf dem Bett, 1932, 108×123 cm, S. 31
Badende an der Flosslände, 1935, 38×46 cm, S. 34
    (Foto Kurt Wyss)
Am Atelierfenster, 1935, 51×63 cm, S. 33
Rhein mit Mittlerer Brücke, ca. 1937, 90×100 cm, S. 35
Fasnachtvorbereitung, 1938, 78×85 cm, S. 36
    (Galerie Bad Schinznach, Schweiz)
Der Maler E. Bohny, 1940, 73×95 cm, S. 43
    (Öffentliche Kunstsammlung Basel)
In der Schlafstube, 1941, 92×105 cm, S. 38
Zwei Frauen am Tisch, 1942, 80×100 cm, S. 37
Dalbedych, 1942, 95×115 cm, S. 40
Bildnis der Marie His, 1944, 120×92 cm, S. 44
    (Öffentliche Kunstsammlung Basel)
Alexander Zschokke vor Plastiken, 1947, 78×86 cm, S. 42
Rhein mit Gewitterhimmel, ca. 1947, 83×105 cm, S. 41
Selbstporträt, ca. 1947, 93×67 cm, S. 39
Zwei Badende, 1948, 73×76 cm, S. 46
Rhein im Winter, ca. 1948, 93×100 cm, S. 47
Alice im winterlichen Garten, 1949, 82×66 cm, S. 48
Hühnerhof mit Melonenblüten, 1950, 90×74 cm, S. 49

Seeufer, 1950, 56×105 cm, S. 51
Allee in Gerzensee, 1950, 85×110 cm, S. 52
Am Rhein beim Känzeli, 1951, 73×100 cm, S. 50
Winter, 1952, 92×115 cm, S. 53
Selbstporträt, 1952, 62×83 cm, S. 54
Der Bildhauer Louis Weber, 1953, 80×90 cm, S. 45
Tanne im Brand'schen Garten, 1953, 72×81 cm, S. 55
Stilleben mit weisser Figur, 1953, 58×74 cm, S. 32
Selbstporträt, 1953, 81×58 cm, S. 67
Obst auf schwarzem Tisch, 1954 cm, 92×78 cm, S. 68
Stilleben, 1954, 44×53 cm, S. 56
Felsen in den Alpilles, 1955, 56×70 cm, S. 57
Meeresstrand, 1956, 73×92 cm, S. 70
Das blaue Gartentor, 1956, 60×67 cm, S. 60
Das Café in Fontvieille, 1956, 87×92 cm, S. 58
Bahnübergang in der Provence, 1956, 85×110 cm, S. 61
D.M., 1956, 45×53 cm, S. 59
Rheinbord mit Känzeli, 1956, 60×67 cm, S. 62
Camargue, 1957, 81×100 cm, S. 63
Lucia, 1957, 110×85 cm, S. 65
Villa Merz im Winter, 1957, 73×100 cm, S. 90
Allee in Südfrankreich, 1957, 84×110 cm, S. 64
Rhein mit Brückengerüst, 1958, 53×65 cm, S. 66
Porträt G.P., 1959, 59×51 cm, S. 69
    (Galerie Bad Schinznach, Schweiz)
Les Alpilles, ca. 1960, 60×92 cm, S. 73
Kruzifix im Elsass, 1961, 95×118 cm, S. 72
Badende am Rhein, 1962, 54×65 cm, S. 74
Im grauen Mantel, 1964, 98×78 cm, S. 75
    (Thurgauische Kantonalbank)
Blauer Akt, 1965, 110×92 cm, S. 77
Bauernhof in den Alpilles, 1965, 81×100 cm, S. 78
Mutter und Kind am runden Tisch, 1966, 104×123 cm
    (Galerie Bad Schinznach, Schweiz), Umschlag
Südliche Landschaft mit Windmühle, 1967, 74×92 cm, S. 79
Porträt Frl. K., 1968, 71×57 cm, S. 76
    (Galerie Bad Schinznach, Schweiz)
Das Atelierfenster, 1968, 100×100 cm, S. 80
Am Fenster, 1969, 110×84 cm, S. 81

Südliche Dachlandschaft, 1969, 83×110 cm, S. 82
Selbstporträt, 1970, 70×60 cm, S. 85
Sandstrand, 1970, 76×120 cm, S. 86
Oliven im Gegenlicht, 1970, S. 83
Die Nacht, 1972, 110×95 cm, S. 88
Im Bett, 1972, 40×50 cm, S. 87
   (Galerie Bad Schinznach, Schweiz)
Sanddünen, 1972, S. 71
Selbstporträt mit geblumtem Vorhang, 1974, 76×61 cm, S. 4
Blühender Kirschbaum, 1975, 78×100 cm, S. 91
Berglandschaft bei Son Servera, 1975, 70×100 cm, S. 93
Olivenhain in Mallorca, 1976, 74×100 cm, S. 94
Getreidefelder, 1976, 71×100 cm, S. 92
Fischergalgen im Winter, 1976, S. 89
Winter am Rhein, 1976, S. 84
Selbstporträt, 1977, 81×71 cm, S. 101
Rote Beeren im Schnee, 1977, 52×65 cm, S. 95
Die alte Stadtmauer, 1977, S. 97
Park im Schnee, 1977, S. 96
Blütenbaum im Hühnerhof, 1978, 71×76 cm, S. 98
Brotfruchtbaum im Kornfeld, 1978, 73×105 cm, S. 99
Baumgarten. Am Morgen seines Todestages gemalt, 1979, 57×80 cm, S. 100

Zeichnungen und Aquarelle

Eisbrecher an der Moldau, Aquarell, 1928, 47×63 cm, S. 117
Mondnacht an der Ostsee, Aquarell, 1929, 47×62 cm, S. 116
Im Atelier, Bleistift, 1935, 66×56 cm, S. 139
Trommler, Negro/Aquarell, 1942, 30×43,5 cm, S. 120
Liegende, Mischtechnik, 1945, 63×50 cm, S. 144
   (Galerie Bad Schinznach, Schweiz)
Zwei Badende, Farbstift, 1947, 47,5×33,5 cm, S. 123
Gelbe Iris mit Schilf, Aquarell, 1947, 68×51 cm, S. 121
   (Galerie Bad Schinznach, Schweiz)
Schilfufer, Bleistift, 1947, 24,2×34,5 cm, S. 127
Knaben im Schilf, Bleistift, 1948, 26,7×35 cm, S. 119
Pappeln, Bleistift, 1950?, 22,7×34,6 cm, S. 122
Akt, Bleistift, ca. 1950, 54×46 cm, S. 143
Bergweiden, Aquarell, 1950, 52×69 cm, S. 118
Felsen, Bleistift, 1950, 48×68 cm, S. 126
Die Schlafende, Tusche, ca. 1954, 50×66 cm, S. 142
Mädchen mit der Lampe, Bleistift, ca. 1954, 35×47 cm, S. 132
Rhein mit Wettsteinbrücke und Münster, Bleistift, 1956?, 24,7×33,5 cm, S. 131
Lucia im Bett, Negro/Bleistift, 1958, 60×48 cm, S. 137
Ruhiger Rhein mit Wolken, Bleistift, 1960?, 25×31,8 cm, S. 130
Oliven vor dem Meer, Aquarell, 1965, 51×68 cm, S. 128
   (Galerie Bad Schinznach, Schweiz)
Sarah, Tusche, ca. 1965, 55×75 cm, S. 124
Selbstporträt mit Hut, Kohle, ca. 1960, 35×27 cm, S. 145
   (Foto Kurt Wyss)
Plantanen am Rheinweg, Bleistift, 1970, 31,2×47,8 cm, S. 140
Felsenküste, Aquarell, ca. 1970, 50×66 cm, S. 134
Liegende, Tusche, ca. 1970, 47×65 cm, S. 133
Auf dem Fauteuil kauernd, Tusche, ca. 1970, 53×70 cm, S. 125
Mädchen, Tusche/Kreide, ca. 1972, 55×75 cm, S. 138
Meer, Aquarell, 1972, 50×65 cm, S. 135
Akanthusblätter, Aquarell, ca. 1974, 51×68 cm, S. 129
Iris und Eschscholzien, Aquarell, 1978, 50×64 cm, S. 141
Blumen, Bleistift, ?, 25×31,8 cm, S. 136

Biographie

1900   Martin Alfred Christ wird am 4. September in Langenbruck (Baselland) als Sohn von Dr. med. A. Christ, einem bekannten Basler Arzt, und dessen Gattin Elisabeth Paravicini geboren.
Bald nach der mit dem Maturitätsexamen abgeschlossenen Basler Schulzeit besucht Martin Christ in Genf die Schule des Malers van Meuyden. Er verlässt nach einem Jahr diese Schule, deren Atmosphäre ihm allzu akademisch war, und setzt seine Malversuche selbständig in Avignon fort. Der Aufenthalt in der Provence wird durch zwei kürzere Studienreisen nach Paris unterbrochen.

1924—26   Besuch der Gewerbeschule in Basel, wo er dem ausgezeichneten Unterricht bei Albert Mayer und Arnold Fischer besondere Förderung verdankt.

1926—30   Martin Christ fährt nach Berlin, wo er vor allem Anregungen bekam durch die Maler «der Brücke», im besonderen durch Erich Heckel. Reisen an die Ostsee, nach Memelland, Holland und Schweden. Zur Ergänzung folgen Reisen nach Italien, Sizilien und später nach Griechenland.

1930   Heirat mit Andrea His. Der Künstler kehrt mit seiner Gattin in die Heimat zurück und verbringt vier Jahre im Tessin, in Coldrerio bei Mendrisio.

1934   Rückkehr nach Basel. Während des Krieges Aktivdienst. Reisen in der Schweiz.

1947   Reisen nach Frankreich, vor allem in die Gegend von Arles und später nach Mallorca bereichern die Arbeit im Atelier am Rhein.

1953   Beginn der 13jährigen Tätigkeit als Leiter der Malklasse an der kunstgewerblichen Abteilung der Basler Gewerbeschule.

1959   Martin A. Christ entschliesst sich, einen bleibenden Sitz auf Mallorca zu wählen. Er arbeitet bis zu seinem Tode halbjährlich auf der Insel und halbjährlich in seinem Basler Atelier am Rhein.

1964   Publikation der Schrift «Einführung in die Probleme der Malerei».

1979   Am 12. April stirbt der Künstler auf Mallorca.

Bibliographie

Martin A. Christ, 1950, Vorwort Lucas Lichtenhahn, Buchdruck Benteli AG Bern.

Martin A. Christ, 1960, 15. Mappe «Schweizer Kunst der Gegenwart», Editions du Griffon, La Neuveville, Suisse. Text von Gingi Beck.

Martin A. Christ. Einführung in die Probleme der Malerei. 1964, Text von Martin A. Christ. Druck in den Werkstätten der Allgemeinen Gewerbeschule Basel.

Bildersammlung Martin A. Christ der Stiftung Pflegeheim Rose. 1975, Stiftung Pflegeheim Rose, Muttenz. Verlag Arthur Niggli AG, CH-9052 Niederteufen.

1939
Skizzen von der Grenzbesetzung der Basler Territorialtruppen, Verlag «Bücherfreunde» Basel.

Die Herausgabe wurde ermöglicht dank der Unterstützung von Herrn Ulric Grossmann, Galerie Bad Schinznach, 5116 Schinznach-Bad

© 1984 Benteli Verlag, 3011 Bern
Gestaltung: Benteliteam
Satz und Druck: Benteli AG, 3018 Bern
Printed in Switzerland
ISBN 3-7165-0470-X